Hermann Nitsch

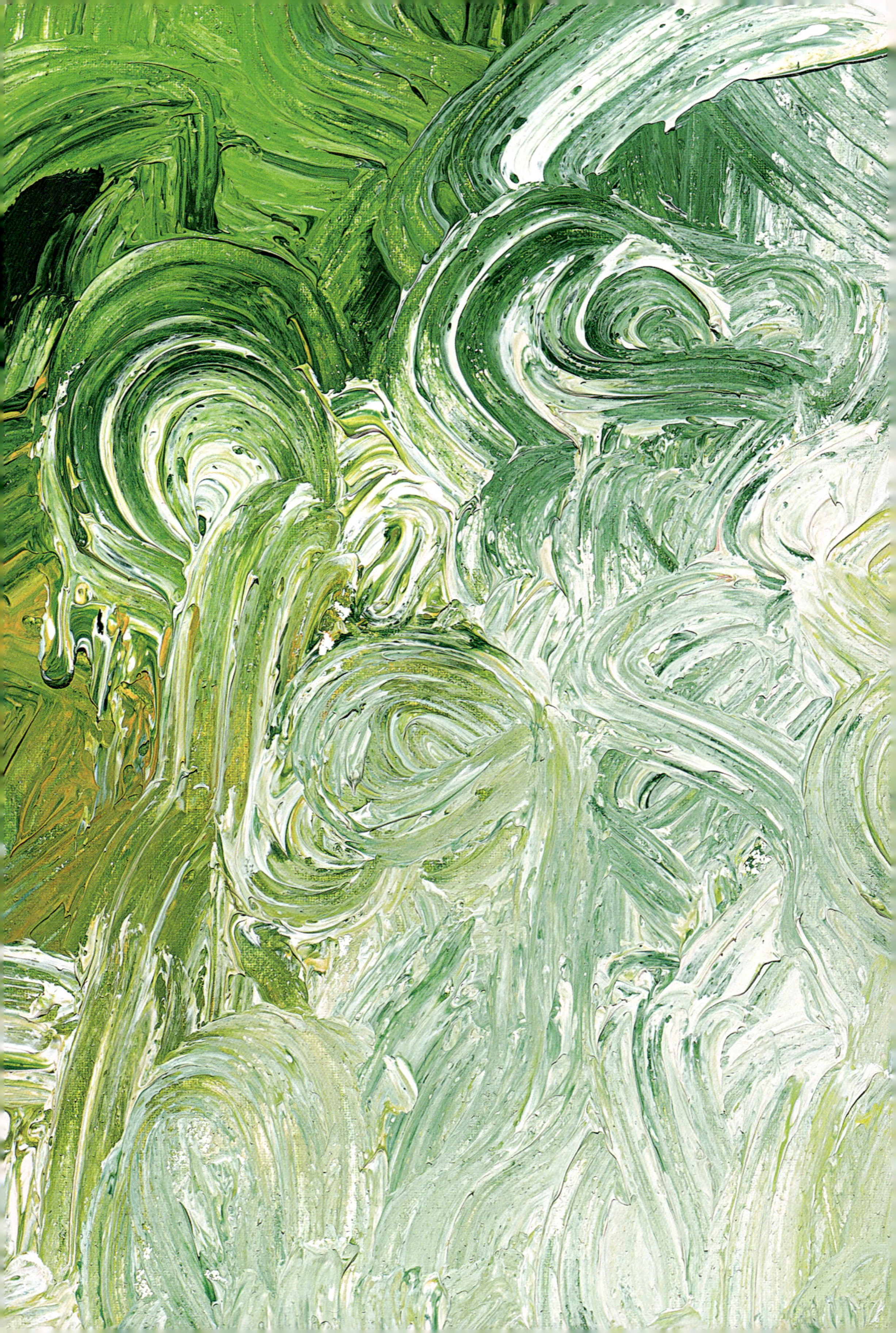

Hermann Nitsch

Hommage

SKIRA

Musée de l'Orangerie · NITSCH FOUNDATION

Cet ouvrage est publié à l'occasion de l'exposition
« Hermann Nitsch. Hommage », musée de l'Orangerie,
Paris, 11 octobre 2023 – 12 février 2024.
This book is published on the occasion of the exhibition
Hermann Nitsch. Tribute, Paris, Musée de l'Orangerie,
October 11, 2023 – February 12, 2024.

Cette exposition est organisée par l'établissement public
des musées d'Orsay et de l'Orangerie, Paris.
The exhibition is organized by the Établissement public
des musées d'Orsay et de l'Orangerie, Paris.

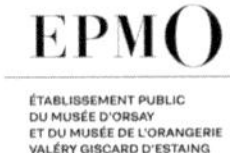

Avec le généreux soutien de la société des American Friends
of musées d'Orsay et de l'Orangerie.
With the generous support of American Friends Musées
d'Orsay et de l'Orangerie.

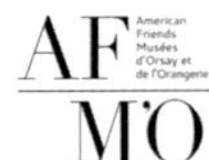

Organisation de l'exposition
Exhibition Organisation

Christophe Leribault
Président des musées d'Orsay et de l'Orangerie
President of the Musée d'Orsay and the Musée de l'Orangerie

Claire Bernardi
Directrice du musée de l'Orangerie
Director of the Musée de l'Orangerie

Pierre-Emmanuel Lecerf
Administrateur général
General Administrator

Virginie Donzeaud
Administratrice générale adjointe
Deputy General Administrator

Nathalie Vaguer-Verdier
Adjointe à la directrice du musée de l'Orangerie
Deputy Director of the Musée de l'Orangerie

Guillaume Blanc
Directeur des publics
Public Relations Director

Amélie Bodin
*Directrice de l'architecture, de la maintenance
et de la sécurité des bâtiments*
Director of Architecture, Maintenance, and Building Safety

Hélène Charbonnier
Directrice du numérique
Digital Director

Karim Chettouh
Directeur des ressources humaines et des moyens généraux
Director of Human Resources and General Resources

Marie-Caroline Dufayet
Directrice des éditions
Publishing Director

Antonine Fulla
Directrice de la programmation culturelle et des auditoriums
Director of Cultural Programming and Auditoriums

Amélie Hardivillier
Directrice de la communication
Communications Director

Aude Lambotin
Directrice administrative et financière
Director of Administration and Finance

Clémence Maillard
Directrice des expositions
Head of Exhibitions

Guillaume Roux
Directeur du développement
Development Director

Exposition — Exhibition

Commissariat — Curation
Claire Bernardi, *directrice du musée de l'Orangerie*
Director of the Musée de l'Orangerie
et/and Sarah Imatte, *conservatrice au musée de l'Orangerie*
Curator at the Musée de l'Orangerie

Marie Ormevil
*Cheffe de projet et responsable des affaires financières
et juridiques des expositions*
Project Manager and Head of Financial and Legal Operations
for Exhibitions

Alice Marsal et/and Alice Roubinowitz
*Régisseuses des contrepoints contemporains
au musée de l'Orangerie*
In charge of "Contrepoints Contemporains" at the Musée
de l'Orangerie

Jonathan Deledicq
Régisseur technique des expositions
Technical Manager Exhibitions

Cyrille Lebrun
Responsable de l'atelier graphique
Head of the Graphics Workshop

Remerciements — Acknowledgements

Nous tenons à remercier Rita Nitsch et Paul Breitenfelder,
directeur du board de la Fondation Nitsch, ainsi que
Charlotte La Forêt et Éric Dereumaux pour la Galerie RX.
We would like to thank Rita Nitsch and Paul Breitenfelder,
director of the board of the Nitsch Foundation, as well as
Charlotte La Forêt and Éric Dereumaux for Galerie RX.

Sommaire
Contents

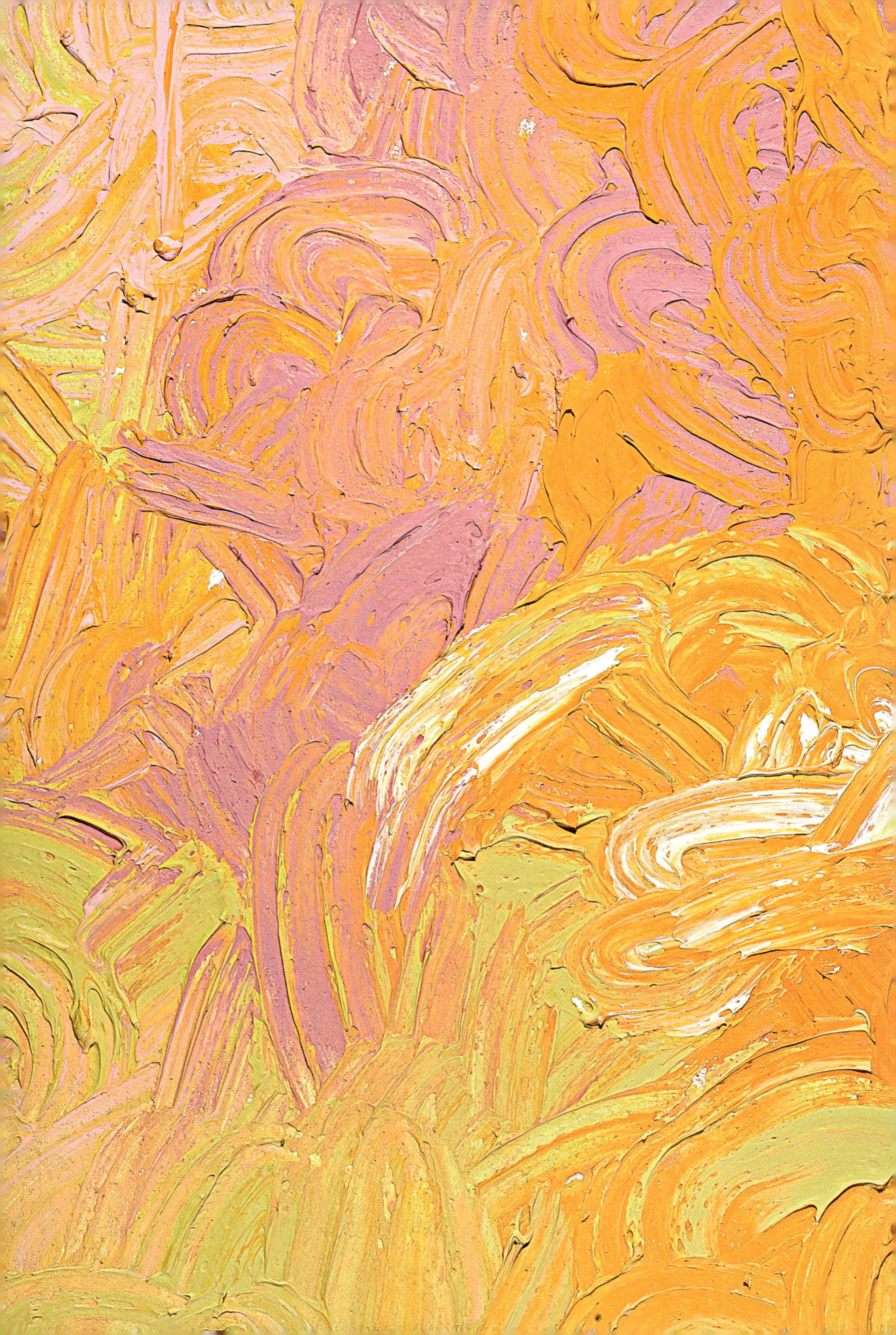

Sarah Imatte

*Conservatrice du patrimoine
au musée de l'Orangerie*

Les fleurs de la résurrection

> « *Ma fin est mon commencement.* »
> Guillaume de Machaut

Le sang et la violence, indistinctement, demeurent apparentés à l'œuvre de Hermann Nitsch, tant ce sang, le sang versé, le sang répandu – *cruor*, « ce terrible mot latin », selon l'expression d'Apollinaire[1] – forme un invariant dans son travail.

Pourtant, voici que le sang a fait place à la couleur ; que les tonalités rouges ont disparu au profit du chromatisme le plus vibrant ; que la rémanence sacrificielle des coulures outrées de jadis s'est muée en de somptueuses brassées de fleurs tourbillonnantes desquelles sourd une énergie proprement vitale.

Ainsi en est-il des peintures ultimes de l'artiste, ce « dernier » Nitsch invité de son vivant à concevoir une exposition pour le musée de l'Orangerie – la première en France dans une institution nationale.
Hélas, les circonstances en décidèrent autrement. La pandémie mondiale et les confinements qui s'ensuivirent ont brutalement sursis à l'élaboration du projet, le différant de trois ans.
Avec la mort de l'artiste en avril 2022, ce qui devait être son tribut à Claude Monet s'est transformé en un hommage posthume rendu à Nitsch lui-même.

Lorsqu'au printemps 2020, Monet et les *Nymphéas* furent évoqués, Nitsch fit montre d'un enthousiasme immédiat, quoique légèrement troublé de ce rapprochement laudatif. Il ne s'agissait nullement

Schüttbild/Peinture éclaboussée/*Poured Painting* (détail)
juin 2020/June 2020
acrylique sur toile de jute/acrylic on jute canvas
200 × 300 cm

[1]
Guillaume Apollinaire,
Couleur du temps, 1918.

d'alléguer une influence directe de l'œuvre de Monet sur la sienne, mais d'observer une parenté élective que Nitsch, rebondissant sur la proposition, traduisit en un court texte resté jusqu'à ce jour inédit, dans lequel, sans détours, il proclame la prééminence du maître de Giverny, « l'un des plus grands peintres ayant jamais vécu [2] ».

En 1914, Monet, âgé de soixante-quatorze ans, reclus dans sa propriété de Giverny, se lance avec ardeur dans la réalisation de son monumental cycle des *Nymphéas* qu'il a l'idée, au lendemain de l'Armistice, le 12 novembre 1918, d'offrir à la France pour célébrer la victoire. Pendant plus de dix ans, jusqu'à sa mort en 1926, il continue d'y travailler, atteignant « la limite de ce que peut accomplir la puissance de la brosse et du cerveau [3] ». Au seuil du grand âge, Monet est donc allé au plus loin de son art, produisant une œuvre à la lisière de l'abstraction, ultérieurement perçue comme annonciatrice de l'*action painting* qui fut, à son tour, à l'origine du projet de Nitsch.

À l'instar de Monet, ce dernier a su, l'âge venu, réinventer en profondeur son langage pictural. Et, tant pour Nitsch que pour son aîné, la lumière et la couleur ont constitué le ferment de ce renouveau.

UN NOUVEL ART TOTAL

Né en 1938 à Vienne, Hermann Nitsch est l'enfant de la guerre, cette Seconde Guerre mondiale qui lui ravit un père tombé sur le front russe ; cette guerre qui l'immergea dans un quotidien de bombardements et l'abandonna à une ville partiellement détruite, à reconstruire. De cette horreur qui eût pu lui faire rallier le camp des nationalistes, Nitsch à l'inverse éprouva une détestation très grande, doublée d'une défiance envers le politique.

Après une scolarité médiocre, le jeune Hermann intègre en 1953 la Höhere Graphische Bundes-Lehr- und Versuchsanstalt, où il reçoit une formation de graphiste. Nourri de poésie, de théâtre et de musique, mais aussi de l'étude des religions comparées, de psychanalyse et de philosophie, il veut rénover en profondeur la création. Très vite, il prend conscience que l'art qu'il appelle de ses vœux ne peut se faire avec les moyens traditionnels de la peinture.

En 1957, il élabore une théorie esthétique qui puise aux sources de l'Antiquité mais aussi de Shakespeare, Goethe, Kleist, Wagner et Artaud, à laquelle il donne le nom programmatique de *Orgien Mysterien Theater*, le « Théâtre des Orgies et des Mystères [4] », et

[2] Voir dans ce catalogue, Hermann Nitsch, « monet », p. 22.

[3] Lettre de Clemenceau à Monet du 17 avril 1922. In *Monet-Clemenceau, Correspondance*, dir. J.-C. Montant, Paris, Éd. musée de l'Orangerie/RMN-Grand Palais, 2019, p. 69.

[4] Au départ, le *Théâtre des Orgies et des Mystères* est une pièce polyphonique écrite par Nitsch et devant se dérouler sur une durée de six jours. Il fallut attendre août 1998 pour

que soit jouée cette pièce originelle sous le nom de *6 Tage Spiel* « Fête des six jours » dans la propriété de l'artiste, à Prinzendorf, en Basse-Autriche.

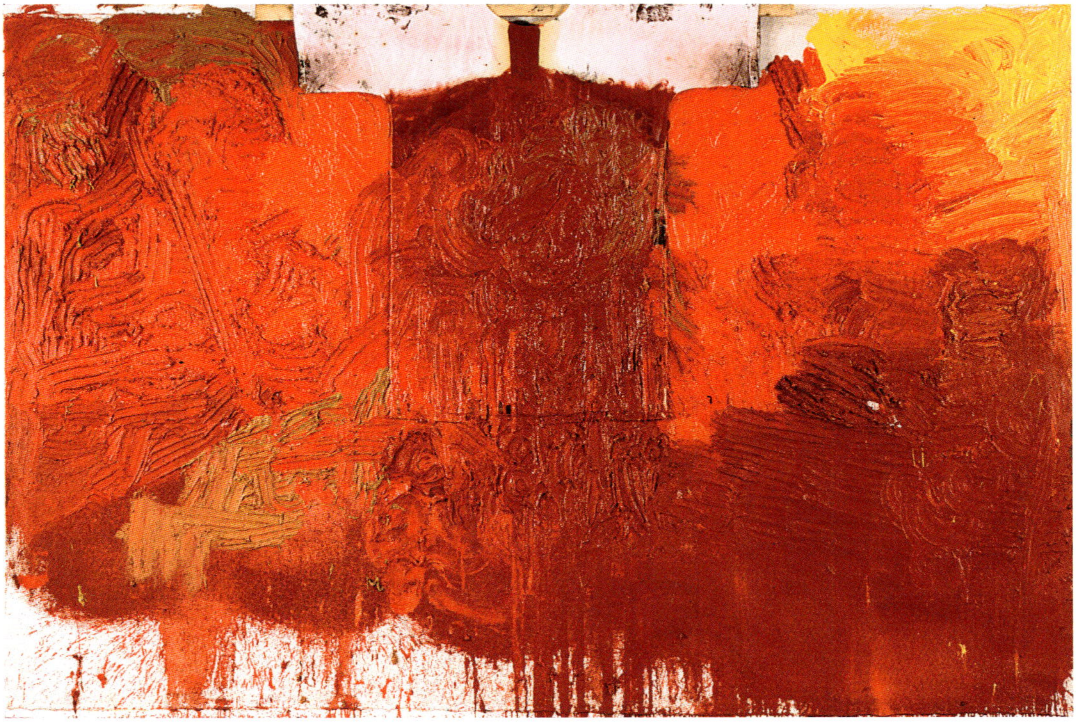

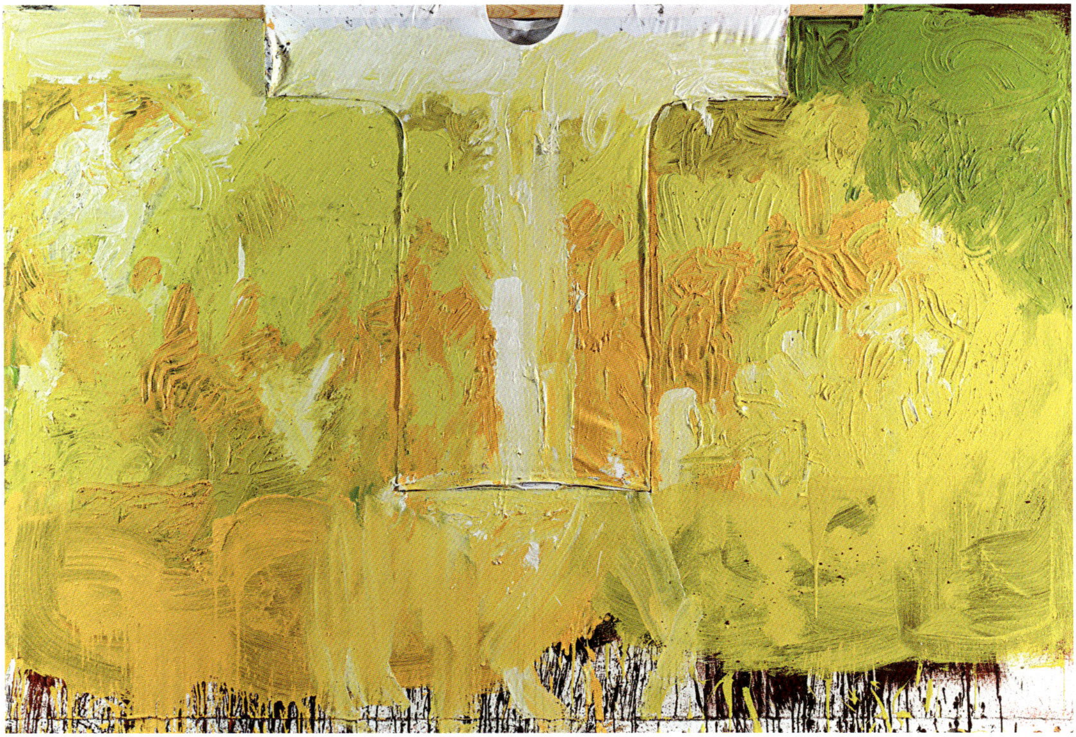

Schüttbild/Peinture éclaboussée/Poured Painting
août 1994/August 1994
huile sur toile de jute/oil on jute canvas
200 × 300 cm

Schüttbild/Peinture éclaboussée/Poured Painting
juillet 2002/July 2002
acrylique sur toile de jute/acrylic on jute canvas
190 × 280 cm

qu'il poursuivra jusqu'à la fin de sa vie. Dans la lignée du *Gesamtkunstwerk* wagnérien où musique, peinture et performance ont partie liée, Nitsch considère que l'art ne peut être que total, à l'image de l'existence, dont il constitue à la fois une émanation et la forme la plus aboutie. Des éléments du quotidien sont incorporés à ses œuvres, qui veillent à mobiliser tous les sens du spectateur, y compris l'odorat, qu'il s'agisse par exemple des remugles de sang et de viscères ou du parfum de l'encens. L'artiste, transformé en chamane, se fait le grand ordonnateur d'un art devenu rituel. Par la puissance purificatrice de l'œuvre, au travers de cette expérience cathartique par laquelle l'existence se révèle à elle-même, la création devient un catalyseur de l'être-au-monde, permettant à l'homme de s'élever, de se racheter.

La sauvagerie de ses actions, innervées de références au catholicisme – la nudité, la mise en scène de crucifixions et de sacrifices sanglants – fait grand bruit dans la très conservatrice Autriche de l'après-guerre. Pour une société qui, à l'orée des années soixante, s'évertue à faire table rase de son passé national-socialiste, les rituels dionysiaques de Nitsch et de ses confrères, au rang desquels Otto Muehl, Günter Brus et Rudolf Schwarzkogler, plus tard regroupés sous la bannière de l'«actionnisme viennois[5]», font l'effet d'un retour du refoulé. Les arrestations policières se succèdent, Nitsch a maille à partir avec la justice et finit par quitter l'Autriche en 1967 pour s'installer en Allemagne.
Tout au long de son existence, y compris lorsqu'il accéda à une pleine reconnaissance institutionnelle, son nom demeura rattaché au scandale, ce qui eut pour conséquence de brouiller la compréhension d'un art aux intentions révolutionnaires, peu ou prou circonscrit au *happening* et au *body art*, et occulta pour partie la portée de son œuvre peint.

LE SANG DEVIENT COULEUR[6]

La découverte de l'abstraction gestuelle en 1959 permet à Nitsch de parachever son dessein : «ces artistes réalisaient ce que je voulais faire avec le théâtre», écrit-il[7]. Le jeune homme se rallie alors à la peinture abstraite, s'appropriant la logique de l'*action painting*, dans laquelle le tableau résulterait moins d'une forme de *cosa mentale* que de l'acte physique – impliquant le corps et le geste – de peindre. Nitsch, en soumettant la peinture au processus global du Théâtre des Orgies et des Mystères, pousse à l'extrême les mécanismes de l'*action painting* et, en cherchant à intégrer le réel, selon la formule de Joseph Beuys, «élargit le champ de l'art». La frontière entre l'art et la vie étant abolie, la peinture s'ouvre à la troisième dimension.

5 ⫻
La performance et le manifeste du même nom *Blutorgel* «Orgue de sang», réalisés par Hermann Nitsch, Otto Muehl et Adolf Frohner en 1962 tiennent lieu d'acte de naissance de l'actionnisme viennois.

6 ⫻
«Blut wird zu Farbe», Nitsch, *Neue Arbeiten*, p. 94.

7 ⫻
Hermann Nitsch, Biographie, 2019-2021 : www.nitsch.org/biografie

Cependant, bien qu'elle soit consubstantielle au Théâtre des Orgies et des Mystères dont elle constitue à la fois le reliquat et la relique – elle est la trace matérielle de la performance effectuée –, la peinture n'en demeure pas moins autonome.

Ainsi, Nitsch va rapidement distinguer les *Aktionen* («actions») des *Malaktionen* («actions-peintures»). La toute première performance qu'il réalise en novembre 1960 dans son atelier du musée technique de Vienne est une action-peinture intitulée *Kreuzwegstationen* (*Chemin de Croix*). En déversant la peinture rouge à même la toile, Nitsch exécute son premier *Schüttbild*[8].

Les gestes qui chez les peintres de l'*action painting* relevaient du pur expressionnisme sont porteurs ici d'un symbolisme précis. Semblable à un boucher sacrificateur, Nitsch déverse, répand la peinture, la malaxe comme s'il fouillait de ses mains des entrailles. En 1962, il va plus loin encore et met en scène son premier cadavre d'animal.

Dès ses premières œuvres, Nitsch a instauré sa grammaire picturale, laquelle demeure quasiment inchangée jusqu'au *Cycle de la Résurrection*, qui marque un tournant dans son œuvre. Ces œuvres des débuts sont probablement les plus spectaculaires, avec leurs éclaboussures qui convoquent un imaginaire macabre, des scènes de meurtre d'une violence inouïe, à la limite du soutenable.

Bientôt, il ne ressent plus la nécessité de peindre[9]. La peinture s'est dissoute dans ses actions, où les corps dénudés ont remplacé la toile.

Si les années 1970 renouent avec la peinture, il faut attendre la décennie suivante pour que celle-ci devienne une pratique d'une importance semblable aux actions.

Ce retour du pictural coïncide également avec une place accrue accordée à la couleur qui, jusqu'au mitan des années 1980, était quasi absente de son œuvre, à l'exception du rouge sang monochrome, évocateur de la vie et du sacrifice christique. L'harmonie chromatique, les nuances de tons n'avaient alors pas leur place dans une peinture où l'usage de la couleur était avant tout «agissant» et analogique.

À bien y regarder toutefois, déjà dans ses premiers tableaux, par-delà les coulures sépulcrales se dessinent, à la manière d'un test de Rorschach, des formes qui suggèrent un ailleurs, quelque environnement primordial ou paysage interstellaire qui conserverait la trace du chaos originel. Cette dimension transcendantale forme une constante dans la peinture de Nitsch, tantôt d'une spiritualité syncrétique, tantôt aux accents liturgiques patentés.

---

8 ⌐
«Schüttbild», littéralement «peinture réalisée avec de la peinture déversée».

9 ⌐
«La peinture du théâtre des o.m. est la grammaire visuelle de mon théâtre sur la surface de la toile. la véritable action, le véritable théâtre d'action, quitte le havre de paix de la surface de la toile et s'aventure dans la pièce, dans le réel le plus total», in *Hermann Nitsch - 20. Malaktion Wiener Sezession 1987*, Vienne, éd. Portfolio Kunst AG, 2002.

Il convient à cet égard de mentionner le cycle pictural débuté en 1989, pendant ses 27e et 28e « actions-peintures ». Nitsch intègre, au centre de la toile, la blouse qu'il portait au moment où celle-ci a été réalisée. Tout y convoque la peinture religieuse, de la disposition cruciforme de la chasuble à la référence au Saint-Suaire, jusqu'à son recours aux couleurs du culte chrétien – une première dans son œuvre [10]. Mais, par-delà les références au catholicisme, ces peintures sont également dotées d'une dimension spéculaire, autoréflexive. La chasuble portée par l'artiste est aussi une allusion à la *Vera icona*, légende fondatrice de l'histoire de la peinture en Occident [11].

La blouse blanche que Nitsch a incorporée dans la toile, avant d'être une référence au vêtement cultuel porté pendant la messe, demeure en premier lieu le simple habit du peintre. Cette collusion entre le sacré et le trivial permet sinon une lecture ironique, du moins critique de l'œuvre. En outre, le recours à la technique du collage n'est pas sans rappeler la pratique de Robert Rauschenberg, qui participa en 1952 à ce que l'historiographie retient comme ayant été le premier *happening* [12].

Alors que l'importance de la couleur va croissant dans son œuvre, Nitsch s'intéresse peu à peu aux modulations conjointes de la lumière et du chromatisme. La théorie des couleurs qu'il élabore, allant de pair avec la place de plus en plus grande que prend pour lui l'étude de la musique et la composition, rend centrale la question de l'harmonie et de la dissonance ainsi que les effets de synesthésie qu'elles provoquent.

À LA LUMIÈRE DES *NYMPHÉAS*

À l'été 2000, Nitsch initie une série de toiles peintes d'une manière nouvelle, qu'il entreprend aussitôt de nommer *Cycle de la Résurrection*. « Après trente ans je me suis remis à peindre avec différentes couleurs. Je me suis attelé au très gai chapitre final de mon œuvre d'art total [13] », écrit-il.

Dans ce chapitre, la voie de la couleur et de la lumière s'ouvre encore plus grand. Des formes solaires et florales prennent possession de l'espace pictural. Les excès orgiaques, la violence des faisceaux rouge sang qui jusque-là envahissaient à la manière du « *all over* » l'entièreté du tableau ont fait place à des volutes chantournées formant des masses colorées qui, çà et là, portent la marque des mains de l'artiste façonnant la matière.

De loin, ces toiles pourraient évoquer certains panneaux des *Nymphéas*. Les amas de fleurs, comme autant de nébulosités, flottent sur une surface indistincte, aérienne ou aquatique.

10 —

Le blanc symbolisant la pureté ; le rouge, le sang du Christ ; le noir, le deuil et la pénitence ; le vert, couleur intermédiaire destinée aux jours communs.

11 —

Il s'agit du linceul avec lequel Véronique (« *Vera icona* ») recouvre le visage ensanglanté du Christ. Cette image « non peinte par la main de l'homme » – *acheiropoiètoi* en grec ancien – est aux sources de la tradition byzantine des icônes. En Europe occidentale, l'histoire de Véronique a donné lieu, par des glissements successifs, au motif sécularisé du peintre et de son modèle, métaphore de la création artistique.

12 —

L'*Untitled Event* ou *Theatre Piece No.1* est une performance artistique créée par John Cage en 1952 au Black Mountain College (Caroline du Nord). La notion de *happening* n'existe pas encore à ce moment.

13 —

Hermann Nitsch. *Die Farblehre des O.M. Theaters*. Sankt Pölten/ Salzbourg, Éd. Carl Aigner, 2007, p. 75-76.

Deux ans plus tard, Nitsch parachève un *Deuxième cycle de la Résurrection*, intégralement jaune cette fois. Couleur entre toutes, couleur de la parousie, le jaune est associé au triomphe ultime du Christ, qui s'incarne dans la « lumière aveuglante du soleil que l'on ne peut contempler [14] ».

Avec désormais la « splendeur de la couleur [15] » pour unique viatique, Nitsch ne cesse d'éclaircir sa palette au gré des cycles qui s'ensuivent. « Parti des couleurs du sang, des organes internes qui constituent les viscères, mon travail s'est tourné vers les couleurs de la résurrection, de la lumière, des fleurs [16] », conclut-il dans son texte sur Monet.

En 2020, tandis que le monde se retrouve figé par la pandémie de la covid, cloîtré dans son château de Prinzendorf, en Basse-Autriche, Nitsch peint encore, livrant là celles qui s'avèrent être ses dernières toiles.

Les tons francs et soutenus y ont disparu au profit de coloris tendres et printaniers desquels émane une fougue non dénuée de sensualité. Face à ces peintures, tout comme face aux *Nymphéas*, une même plénitude se fait jour.

La toile, qui s'incarne dans une matière compacte, charnelle, happe et aspire le regard vers une plongée dans l'infini de la peinture d'où résulte une sensation d'oubli, celle de ne faire plus qu'un avec l'œuvre. Comme une « recherche d'un au-delà [17] », se départir de tout et renaître à l'immensité ; pour Nitsch, la résurrection ne peut s'apparenter qu'au coloris lumineux et clair des fleurs – *Die Blumenhellenfarben der Auferstehung* [18].

Un an après sa mort, ces peintures ultimes devenues testamentaires, parées de la splendeur immarcescible de la floraison, telles l'anthèse en botanique, accusent le plein épanouissement d'un œuvre parvenu à son faîte.

14 ⁄
Hermann Nitsch. Das Konzept des Orgien Mysterien Theaters. Die Malaktionen, Frankenthal, Éd. Vescon GmbH, 2013, p. 91.

15 ⁄
Nitsch. Räume aus Farbe, Éd. Elsy Lahner et Klaus Albrecht Schröder, The Albertina Museum, Vienne, Hirmer Verlag, Munich, 2019, p. 136.

16 ⁄
Voir dans ce catalogue, Hermann Nitsch, « monet », p. 23.

17 ⁄
Lettre de Clemenceau à Monet du 17 avril 1922, op. cit.

18 ⁄
Voir dans ce catalogue, Hermann Nitsch, « monet », p. 22.

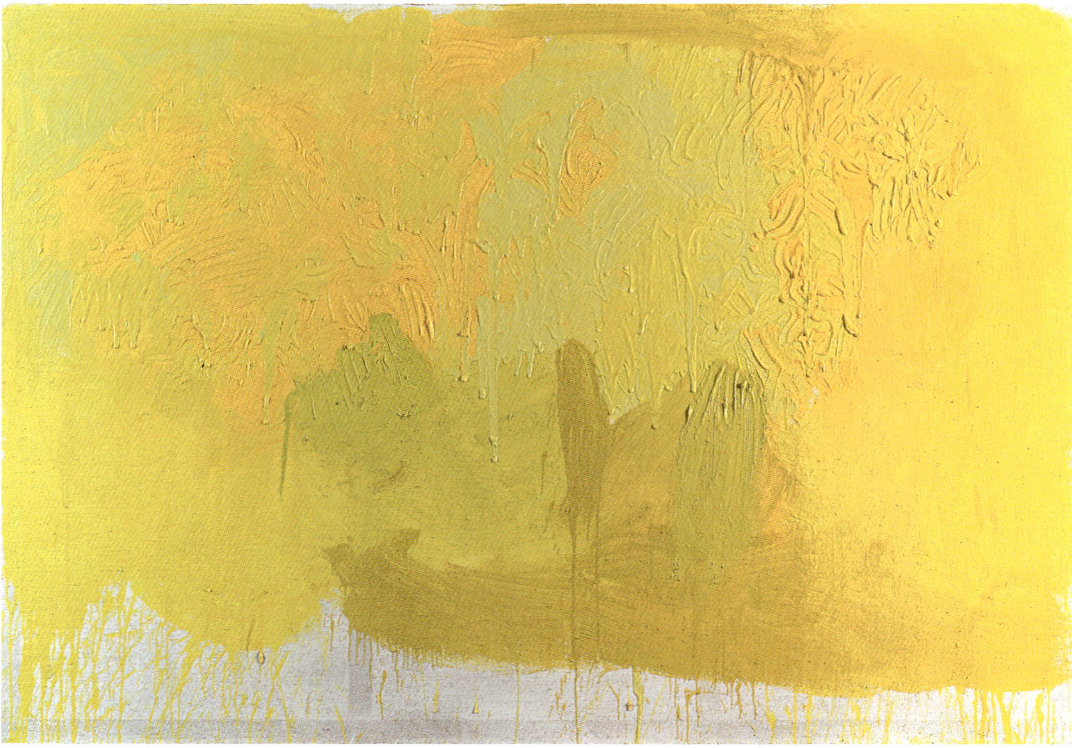

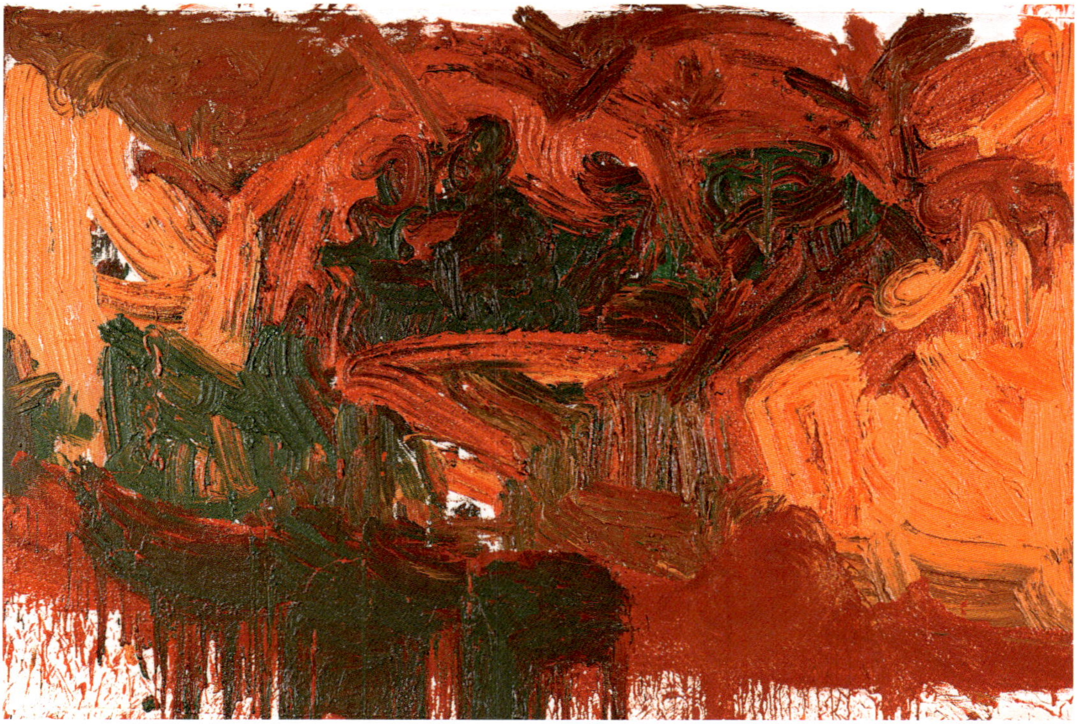

Schüttbild/Peinture éclaboussée/Poured Painting
juillet 2002/July 2002
acrylique sur toile de jute/acrylic on jute canvas
190 × 280 cm

Schüttbild/Peinture éclaboussée/Poured Painting
août 1994/August 1994
huile sur toile de jute/oil on jute canvas
200 × 300 cm

Sarah Imatte

*Curator at
the Musée de l'Orangerie*

The Flowers of Resurrection

My end is my beginning.
Guillaume de Machaut

Blood and violence indistinctly remain linked to Hermann Nitsch's oeuvre, so constant is this blood, spilt and spread – *cruor*, "this terrible Latin word" according to Apollinaire[1]– in his work.

And yet here blood has given way to colour, the red tones have been replaced by the most vibrant chromaticism, and the once persistent, outrageous sacrificial drippings have been transformed into sumptuous armfuls of swirling flowers exuding a truly vital energy.

These are the artist's final paintings, the "last" Nitsch, who during his lifetime was invited to create an exhibition for the Musée de l'Orangerie – the first of its kind in a French national museum. Unfortunately, events took a different turn. The global pandemic and the subsequent lockdowns abruptly halted the project, postponing it for three years. With the artist's death in April 2022, what was intended as a tribute to Claude Monet has become a posthumous tribute to Nitsch himself.

When Monet and the *Water Lilies* were first suggested to him in the spring of 2020, Nitsch was enthusiastic but slightly uneasy about this flattering association. It was not a matter of asserting Monet's direct influence on his own work but of recognising an elective kinship that Nitsch expressed in a short text that has remained unpublished to this day and which proclaims, in no

[1]
Guillaume Apollinaire,
Colour of Time, 1918.

uncertain terms, the pre-eminence of the master of Giverny, "one of the greatest painters there has ever been".[2]

In 1914, Monet, who was 74 years old and living in seclusion at his Giverny estate, threw himself wholeheartedly into the creation of his monumental *Water Lilies* cycle, which he intended to give to France as a Victory Day gift on 12 November 1918, the day after the armistice. He worked on it for more than ten years, until his death in 1926, reaching "the limit of what the power of brush and brain can achieve".[3] On the threshold of old age, Monet took his art as far as it could go, producing a work on the edge of abstraction, later seen as a precursor of action painting, which in turn inspired Nitsch.

Like Monet, Nitsch reinvented his pictorial language in his later years. And for both Nitsch and Monet, light and colour were the driving forces behind this renewal.

A NEW TOTAL ART

Born in Vienna in 1938, Hermann Nitsch was a child of World War II. The war claimed his father's life – killed on the Russian front –,

Schüttbild
Peinture éclaboussée
Poured Painting
mai 2009/May 2009
acrylique sur toile de jute
acrylic on jute canvas
200 × 300 cm

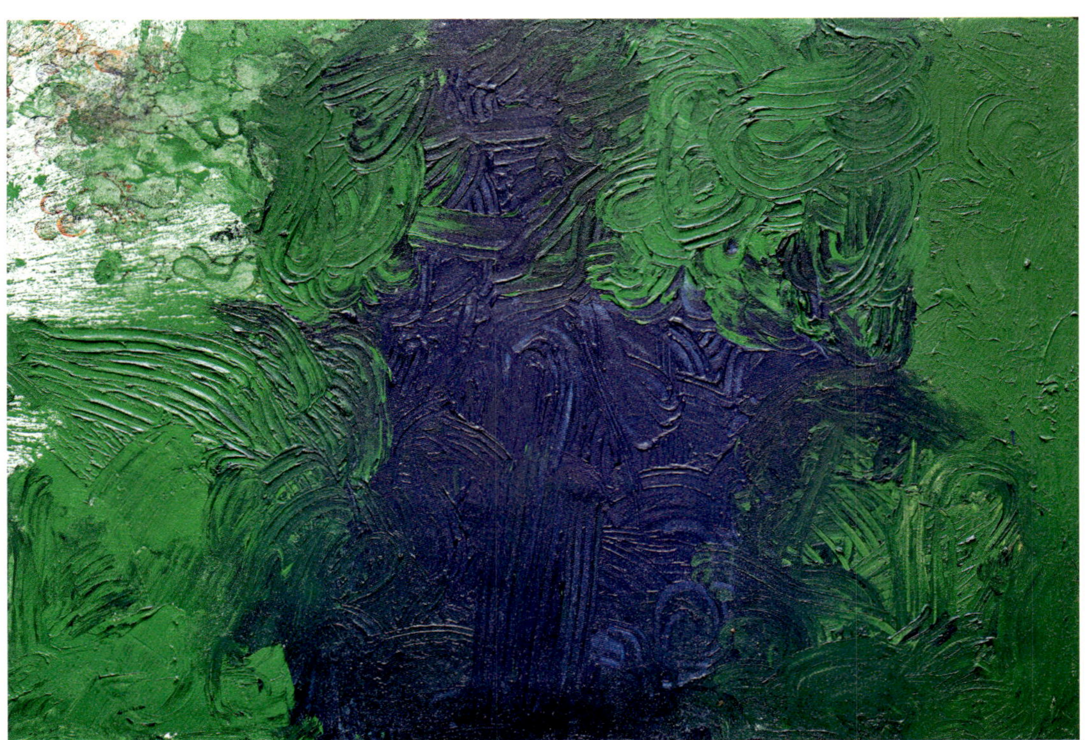

2 ⤴
See in this catalog,
Hermann Nitsch,
"monet", p. 24

3 ⤴
Georges Clemenceau,
"Letter to Monet", 17 April
1922. In *Monet Clemenceau*,
Correspondance, J.-C.
Montant, Paris, Musée de
l'Orangerie/RMN-Grand
Palais, 2019, p. 69.

subjected him to daily bombings and left him with a partially destroyed city that needed to be rebuilt. These horrific experiences could have pushed him towards nationalism, but instead, they instilled a strong aversion to war and a general distrust of politics.

Following a mediocre schooling, young Hermann joined the Höhere Graphische Bundes-Lehr- und Versuchsanstalt in 1953, where he trained as a graphic designer. Inspired by poetry, theatre and music, and the study of comparative religions, psychoanalysis and philosophy, his goal was to bring about a profound renewal of artistic creation. He soon realised that his vision could not be achieved with traditional painting techniques.

In 1957, he developed an aesthetic theory that drew on classical sources as well as Shakespeare, Goethe, Kleist, Wagner and Artaud. He gave it the programmatic name *Orgien Mysterien Theater*, "Orgies Mysteries Theatre",[4] and pursued it until the end of his life. Following in the footsteps of Wagner's *Gesamtkunstwerk*, which combined music, painting and performance, Nitsch believed that art should be total, like existence, of which it is both an expression and the most complete form. His works incorporate elements from everyday life, engaging all the viewer's senses, including smell, using the scent of blood, viscera and incense. Transformed into a shaman, the artist becomes the great organiser of ritual art. Through the purifying power of the work and the cathartic experience by which existence reveals itself to itself, creation becomes a catalyst for being-in-the-world. Humans thus connect with the world, elevate and redeem themselves.

The savagery of his Actions, imbued with references to Catholicism – nudity, the staging of crucifixions and bloody sacrifices – created a considerable stir in highly conservative post-war Austria. For a society that, at the beginning of the 1960s, was trying to erase its National Socialist past, the Dionysian rituals of Nitsch and his colleagues, like Otto Muehl, Günter Brus and Rudolf Schwarzkogler, later collectively known as the "Viennese Actionists",[5] were like a return of the repressed. Police arrests followed, and Nitsch had several run-ins with the law, eventually leaving Austria in 1967 to settle in Germany.
Even after he achieved full public recognition, his name remained associated with scandal, which led to a confused understanding of the revolutionary character of his art, reducing it to happenings and body art and partly overshadowing the significance of his paintings.

[4]
The Orgies Mysteries Theatre began as a polyphonic play written by Nitsch to be performed over a period of six days. It was not until August 1998 that the original piece was performed under the title *6 Tage Spiel* ("6-Day Festival") at the artist's estate in Prinzendorf, Lower Austria.

[5]
The 1962 performance and manifesto of the same name *Blutorgel* ("Blood Organ") by Hermann Nitsch, Otto Muehl and Adolf Frohner was the birth of Viennese Actionism.

BLOOD BECOMES COLOUR[6]

The discovery of gestural abstraction in 1959 allowed Nitsch to realise his vision: "These artists were doing what I wanted to do with theatre".[7] The young man then turned to abstract painting, adopting the logic of action painting, in which the image results less from a *cosa mentale* than from the physical act, involving the body and the act of painting. By making painting part of the overall process of the Orgies Mysteries Theatre, Nitsch pushes action painting to the extreme, integrating reality and thus, in the words of Joseph Beuys "widening the field of art". The boundary between art and life is abolished, and painting is expanded to include the third dimension.

However, although painting is an integral part of the Orgies Mysteries Theatre, of which it is a remainder and a relic – the material trace of the performance itself – it nonetheless remains autonomous.

Nitsch was quick to distinguish between *Aktionen* ("Actions") and *Malaktionen* ("Painting Actions"). His first performance, realised in November 1960 in his studio at the Vienna Technical Museum, was a Painting Action entitled *Kreuzwegstationen (Stations of the Cross)*. By pouring red paint directly onto the canvas, Nitsch created his first *Schüttbild*.[8]

In action painting, painterly gestures served pure expressionism; here, they were used to convey a precise symbolism.

Like a sacrificial butcher, Nitsch poured and spread the paint, kneading it as if he were burying his hands in entrails. In 1962, he went even further, using his first animal corpse.

Nitsch's earliest works established a visual grammar that remained virtually unchanged until *Resurrection Cycle*, which marked a turning point. These early works are particularly striking, their splatters evoking macabre images, scenes of murder and unprecedented violence bordering on the unbearable.

Soon, he no longer felt the need to paint.[9] Painting dissolved into his Actions, where naked bodies replaced the canvas.

He resumed painting in the 1970s, but it was only in the following decade that it became as important as his Actions.

This return to the realm of painting also coincided with a greater emphasis on colour, which until the mid-1980s had been virtually absent from his work, except for blood-red, which evoked the life and sacrifice of Christ. Before, chromatic harmony and tonal nuance had no place in his painting, where colour was used, above all, in an "active" and analogical manner.

[6] "Blut wird zur Farbe", Nitsch, *Neue Arbeiten*, p. 94.

[7] Hermann Nitsch, *Biographie*, 2019-2021: www.nitsch.org/biografie

[8] "Schüttbild", literally "poured image".

[9] "The painting of the o.m. theatre is the visual grammar of my action theatre on a pictorial surface. the real action, the real theatre of action leaves the peaceful refuge of the painting and goes beyond space to total reality", in *Hermann Nitsch - 20. Malaktion Wiener Sezession 1987*, Vienna, Portfolio Kunst AG, 2002.

Upon closer examination of his early paintings, however, one can observe that beyond the sepulchral drips, shapes emerge, like a Rorschach test, intimating a beyond, some primordial, interstellar landscape that retains traces of original chaos. This transcendental dimension is a constant in Nitsch's paintings, alternating between a syncretistic and an overtly liturgical spirituality.

Here we should mention the painting cycle he began in 1989, with his 27th and 28th "Painting Actions". Nitsch placed the smock he wore while producing the paintings at the centre of the canvas. Everything here evokes religious painting, from the cruciform layout of the chasuble, the reference to the Holy Shroud, and the use of Christian colours – a first in his work.[10] But beyond the references to Catholicism, these paintings have a specular, self-reflexive dimension. The artist's chasuble is also an allusion to the Vera Icon, a founding myth in the history of Western painting.[11]
While Nitsch's incorporation of the white smock is a clear allusion to the garment worn during mass, it remains, above all, the simple attire of the painter. This collusion between the sacred and the trivial encourages, if not an ironic, then at least a critical reading of the work. The use of collage is also reminiscent of Robert Rauschenberg's work, who took part in what historians consider to be the first happening in 1952.[12]
As colour became more significant in his work, Nitsch increasingly focused on the interplay between light and chromaticism. The colour theory he developed and the growing importance he attached to the study of music and composition made the question of harmony and dissonance and their synesthetic effects central.

IN LIGHT OF THE *WATER LILIES*

In the summer of 2000, Nitsch set about creating a new series of paintings, which he immediately called *Resurrection Cycle*. He wrote: "After thirty years, I started to paint again with different colours. I began the cheerful final chapter of my total work of art".[13]

In this chapter, the range of colour and light became even wider. Solar and floral forms started to fill the canvas. The orgiastic excesses and violence of the blood-red beams that had previously engulfed the entire painting in an all-over manner were replaced by swirling lines forming masses of colour that here and there bore the mark of the artist's hands shaping the material.

10 ⤴
White symbolises purity; red, the blood of Christ; black, mourning and penitence; and green is an intermediate colour representing common days.

11 ⤴
This is the shroud that Veronica ("Vera Icona") used to cover Christ's bloodied face. This image "not painted by human hands" – *acheiropoiètoi* in ancient Greek – is at the origin of the Byzantine tradition of icons. In Western Europe, the story of Veronica has given rise, through successive variations, to the secularised motif of the painter and his model, a metaphor for artistic creation.

12 ⤴
Untitled Event or *Theatre Piece No.1* is a performance art piece created by John Cage at Black Mountain College (North Carolina) in 1952. The concept of the happening did not yet exist.

13 ⤴
Hermann Nitsch. *Die Farblehre des O.M. Theaters*. St. Pölten/Salzburg, Carl Aigner, 2007, pp. 75-76.

From a distance, these paintings resemble some of the panels in *Water Lilies*. Clusters of flowers, like nebulae, float on an indistinct (aerial or aquatic) surface.

Nitsch completed the *Second Resurrection Cycle* two years later, entirely in yellow. As the colour of all colours, the colour of the Second Coming, yellow is associated with the Christ's ultimate triumph manifested by the "blinding light of the sun that cannot be looked at directly".[14]

With "the splendour of colours"[15] as his only guide, Nitsch never stopped brightening his palette in his following cycles. In his text on Monet, he wrote: "My work has turned from the colour of blood, the inner organs of the bowels, to the colours of resurrection, of light, of flowers".[16]
In 2020, as the world was brought to a standstill by the Covid pandemic, Nitsch continued to paint, producing his last works confined to his castle at Prinzendorf in Lower Austria.
The strong, bold tones gave way to soft, spring-like hues, which express a passion that does not lack sensuality. Nitsch's final pieces achieve a richness comparable to the *Water Lilies*.
Taking shape in the dense materiality of the canvas, the work catches the eye, plunging it into the infinity of the painting, with a resulting sensation of oblivion, of becoming one with the work. Like a "search for a beyond".[17] To let go of everything and be reborn into immensity: for Nitsch, resurrection is like a flower-coloured luminosity – *Die Blumenhellenfarben der Auferstehung*.[18]

A year after Nitsch's death, these final testamentary works, imbued with the splendour of a timeless blossoming, show – like anthesis in botany – the full flowering of a work that has reached its pinnacle.

---

[14]
Hermann Nitsch. Das Konzept des Orgien Mysterien Theaters. Die Malaktionen, Frankenthal, Vescon GmbH, 2013, p. 91.

[15]
Nitsch. Spaces of Color, Elsy Lahner and Klaus Albrecht Schröder eds., Munich, Hirmer Verlag, 2019, p. 136.

[16]
See in this catalog, Hermann Nitsch, "monet", p. 25.

[17]
Clemenceau, "Letter to Monet", 17 April 1922, ibid.

[18]
See in this catalog, Hermann Nitsch, "monet", p. 24.

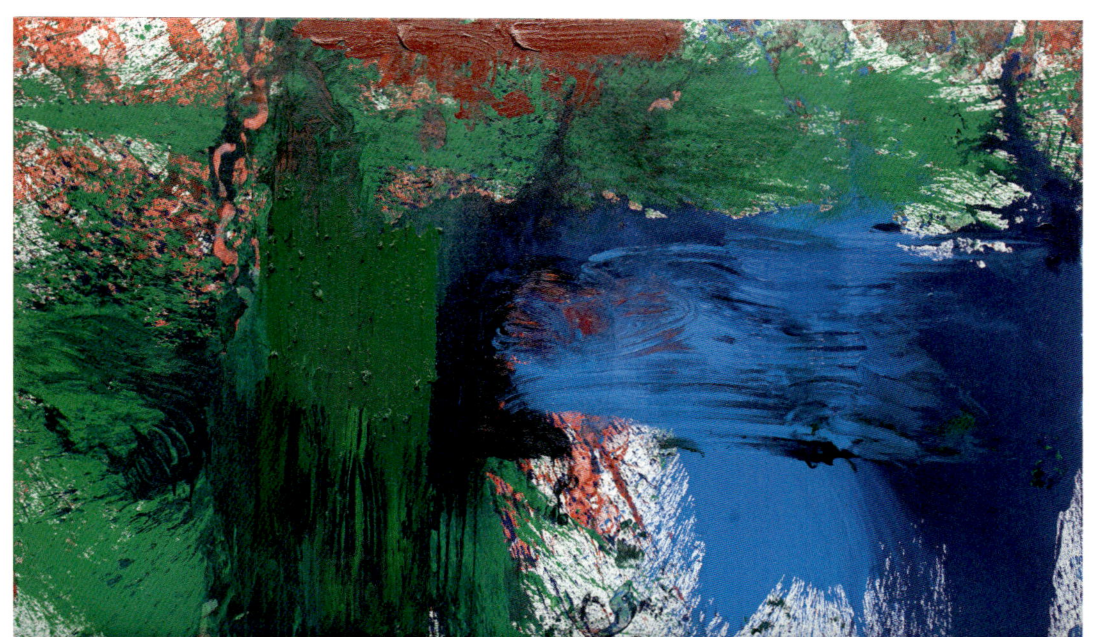

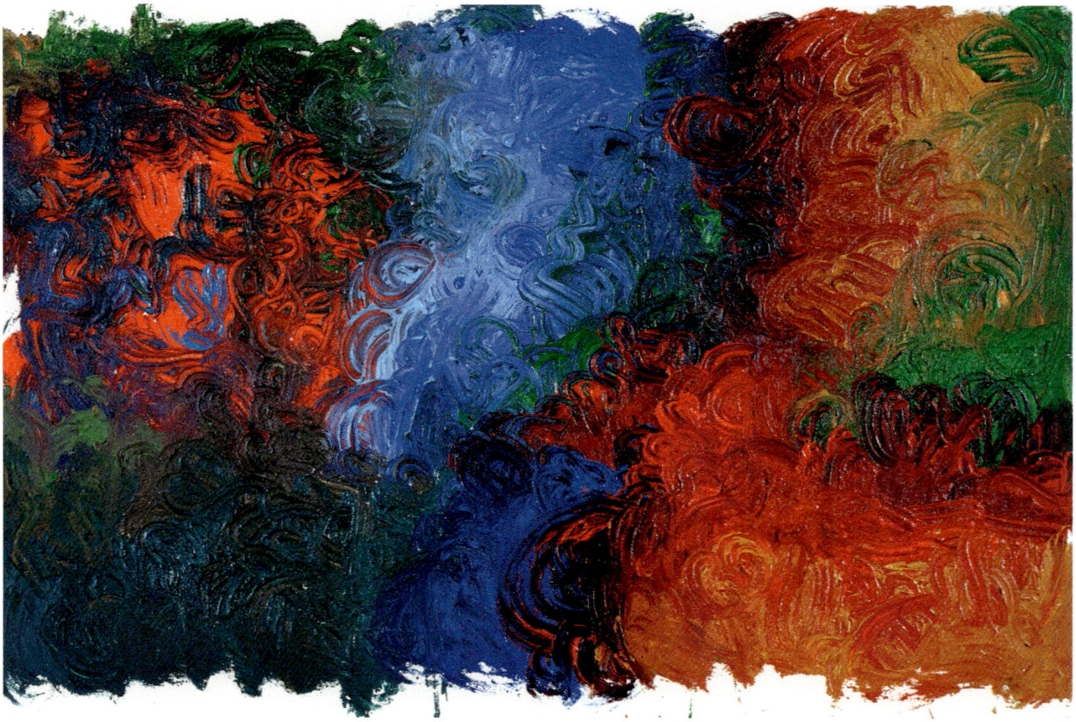

Schüttbild/Peinture éclaboussée/Poured Painting
mai 2009/May 2009
acrylique sur toile de jute/acrylic on jute canvas
200 × 350 cm

Schüttbild/Peinture éclaboussée/Poured Painting
août 2000/August 2000
acrylique sur toile de jute/acrylic on jute canvas
190 × 290 cm

monet

I

monet est pour moi l'un des plus grands peintres
ayant jamais vécu. il traçait son chemin dans l'ex-
ploration de la lumière, impitoyable. il sembla dé-
passé par le postimpressionnisme, par van gogh,
par les nabis, les fauves, le cubisme, la peinture
abstraite, le suprématisme, jusqu'au moment où
il les dépassa tous. il avançait vers la peinture informelle. les expressionnistes abstraits commen-
cèrent à admirer ses peintures de nénuphars.
les entrailles de la lumière devenaient visibles.

la peinture informelle découvre la substance
concrète de la couleur utilisée pour maculer et
souiller et embarbouiller la toile. Dès lors, les ressources à disposition de l'art servent à mettre en
scène des événements réels. l'éviscération d'un animal devient un acte de peinture. les couleurs florales de monet m'inspirent dans mes actions com-
portant du sang, des organes internes d'animaux
abattus. à partir d'un abîme dionysiaque et orgias-
tique d'extériorisation excessive, ma peinture d'action s'est développée jusqu'à donner naissance à la
clarté florale des couleurs de la résurrection.

II

mon grand œuvre est le théâtre des orgies et des
mystères. une représentation de six jours et six
nuits est prévue. elle aura lieu dans mon théâtre
à prinzendorf. une nouvelle forme de théâtre s'est
développée, issue de l'*action painting* et du *happening*. on mettra en scène des événements réels. on
fera une expérience sensorielle intensive allant
jusqu'à l'excès d'abréactions dionysiaques. on uti-
lisera du sang, de la chair et des boyaux lors des

actions. on procédera à des éviscérations. on enregistrera des indices de goûts, d'odeurs, de couleurs, de sons et de sensations tactiles. cette forme d'art requiert la réceptivité sensorielle la plus exacerbée. parti des couleurs du sang, des organes internes qui constituent les viscères, mon travail s'est tourné vers les couleurs de la résurrection, de la lumière, des fleurs. de mes mains, je creuse non seulement dans la chair de la substance peinte, mais encore dans la chair même de la couleur de la lumière florale, tandis que l'exaltation de la musique étincelante évoque la résurrection.

sa quête de la lumière a permis à monet de catalyser un développement dans la peinture sans s'en référer au mythe ni à la religion. son œuvre s'est mu en direction de la résurrection. le retable d'issenheim qui montre un christ affreusement écorché, supplicié, représentant un monde conscient de sa culpabilité, exprime également face aux souffrances un désir intense et extatique de salut recherché dans la transcendance. le christ ressuscité a trouvé la lumière. il rit à travers la lumière jaune du soleil, derrière lui brille l'espace, l'infini cosmique. monet n'a pas été contraint de laisser derrière lui les malentendus d'un monde coupable, il vivait dans un monde qui se transcendait lui-même hors de lui-même. il cherchait la lumière, il la trouva dans ce monde, il fit l'expérience du satori. il était au sens fort du terme un illuminé. je ne cherche pas à mesurer, à comparer l'œuvre de monet avec la mienne. je veux seulement pointer une route et des conditions de développement communes.

Hermann Nitsch, Prinzendorf, juillet 2021

monet

I

monet is, for me, one of the greatest painters there has ever been. he relentlessly pursued his path of investigating light. it seemed that post-impressionism had overtaken him, van gogh, the nabis, the fauves, cubism, abstract painting, suprematism, up until the point was reached when he had actually surpassed them all. he had hit upon informal painting. the abstract expressionists began to marvel at his water lily paintings. the very inner workings of light became visible.

informal painting discovered the concrete substance of the paint used to splatter and speckle and smear the canvas. subsequently, the pre-existing compositional medium of art is itself staged as a real event. the disembowelling of an animal becomes an act of painting. the floral colours of monet inspired me to perform actions with blood, with the inner organs of slaughtered animals. my action painting developed out of the dionysian, orgiastic abyss of an escalating, excessive acting out, giving birth to the florally bright colours of resurrection.

II

my main work is the orgies mysteries theatre. a play lasting 6 days and 6 nights is planned. it will be staged in my theatre at prinzendorf. a new form of theatre has developed out of action painting and the happening. real events are staged. sensory intensive impressions, amplified into a dionysian excess of abreaction, are experienced. blood, flesh and intestines are used in the actions. animals are disembowelled.

tastes, smells, colours, tones, tactile sensations are registered. this art form demands intensive, sensorily activated feelings. my work has turned from the colour of blood, the inner organs of the bowels, to the colours of resurrection, of light, of flowers. with my hands i am not only digging into the flesh of the paint substance, but into the very flesh of the colours of floral light, the frenzied rapture of vivid music shall evoke the resurrection.

through his quest into light, monet compressed the development of painting without needing to lay claim to a myth, to a religion. his work moved in the direction of resurrection. the isenheimer altar, which shows a horribly mutilated, martyred christ, who represents a world conscious of its guilt, also holds, contra this very suffering, the intensive, ecstatic desire for redemption, sought in transcendence. christ arisen has found the light. he laughs out of golden sunlight, behind him the universe blazes resplendent, the cosmic ceaselessness. monet had no need to leave behind the misunderstanding of a guilty world, he lived in a world transcending itself out of itself. he sought the light, he found it in this world, he found the satori experience. in the truest sense of the word, he was an enlightener. i would not be so impudent to compare monet's work with mine. i solely wish to show a path shared and the conditions determining a development.

Hermann Nitsch, Prinzendorf, July 2021

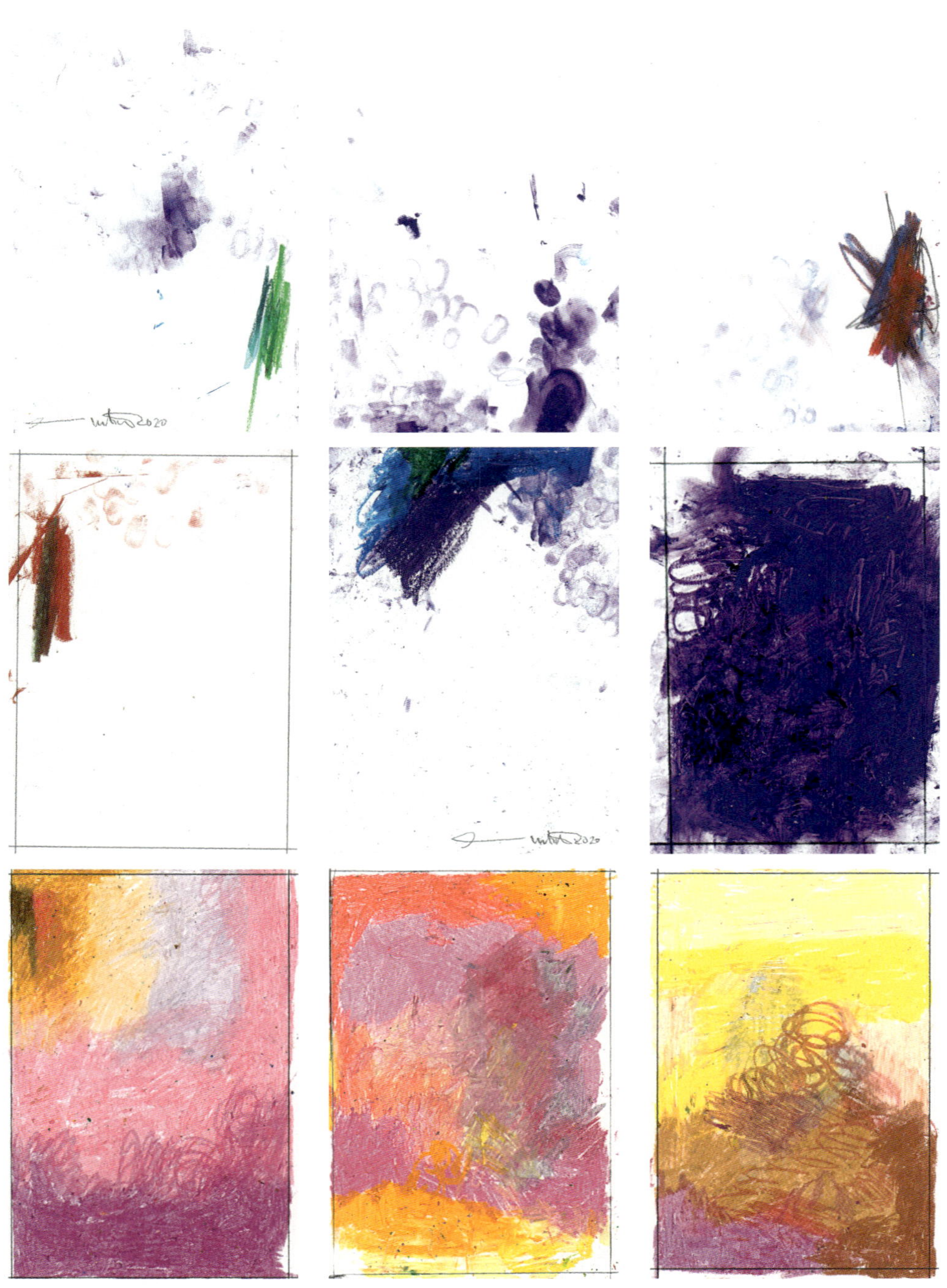

Informelle Zeichnungen/Dessins informels/*Informal drawings*

avril 2020/April 2020 — décembre 2021/December 2021
pastel gras sur papier/oil pastel on paper
29,7 × 21 cm

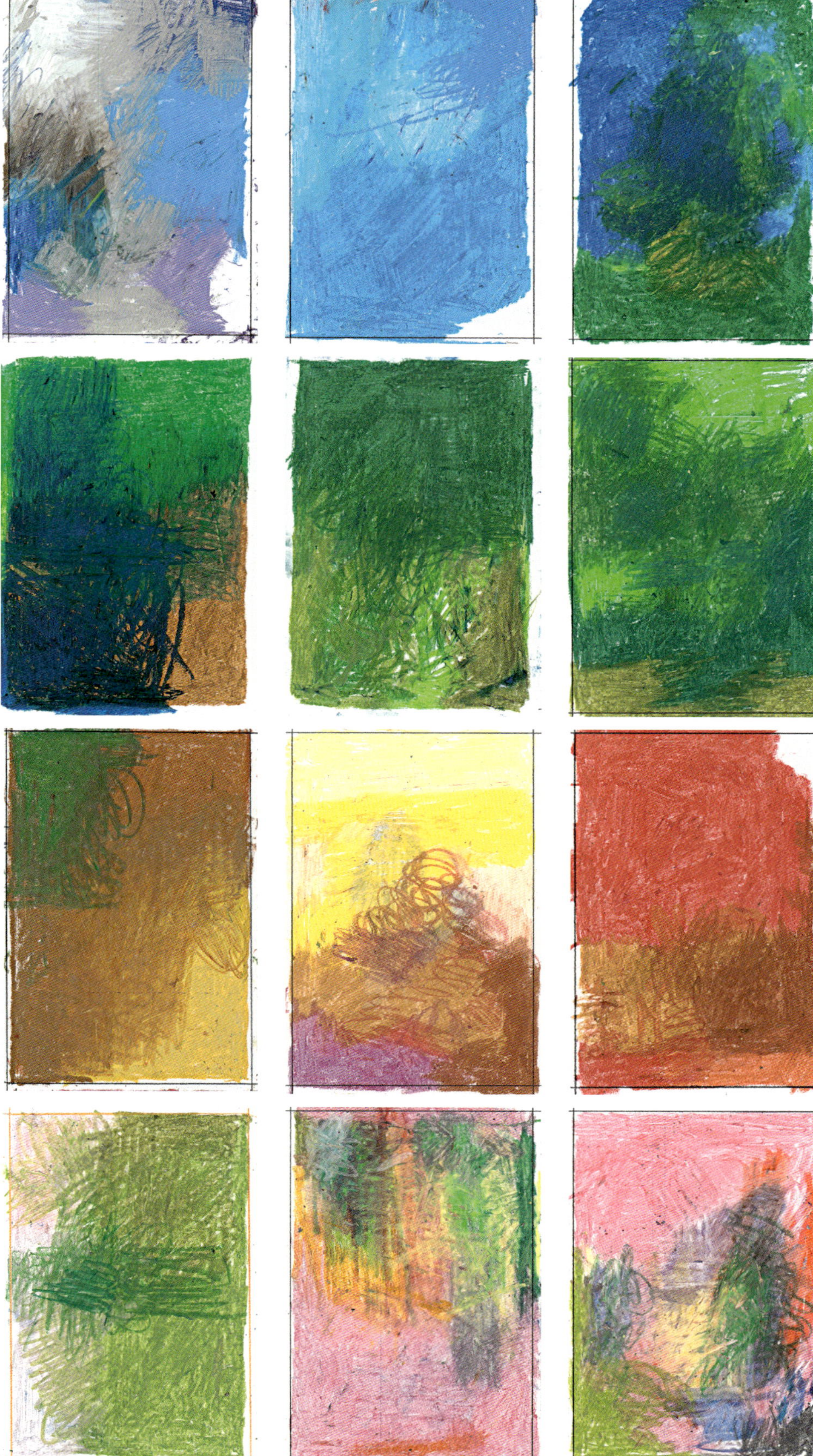

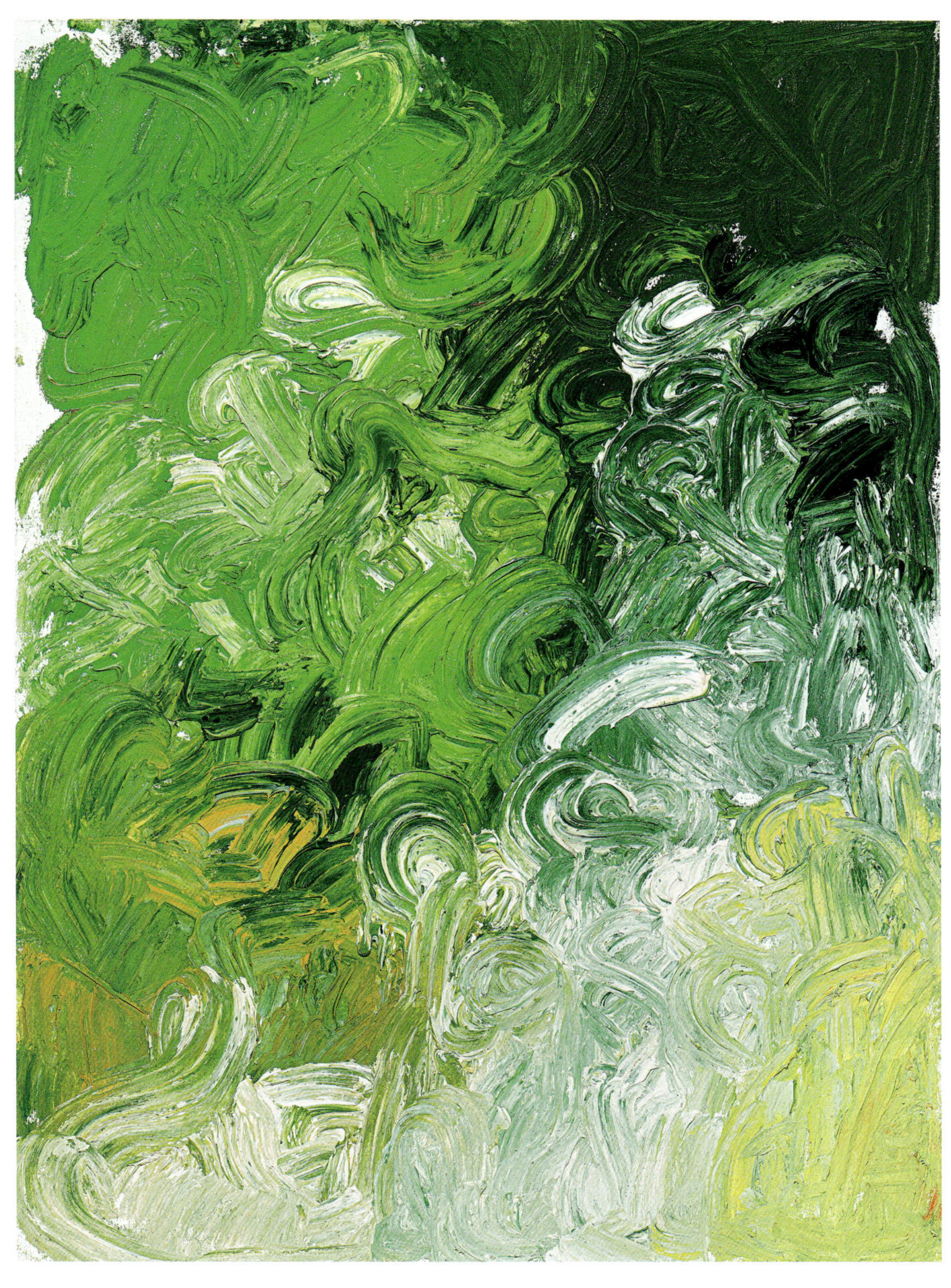

Schüttbild/Peinture éclaboussée/Poured Painting
octobre 2020/October 2020
acrylique sur toile de jute/acrylic on jute canvas
200 × 150 cm

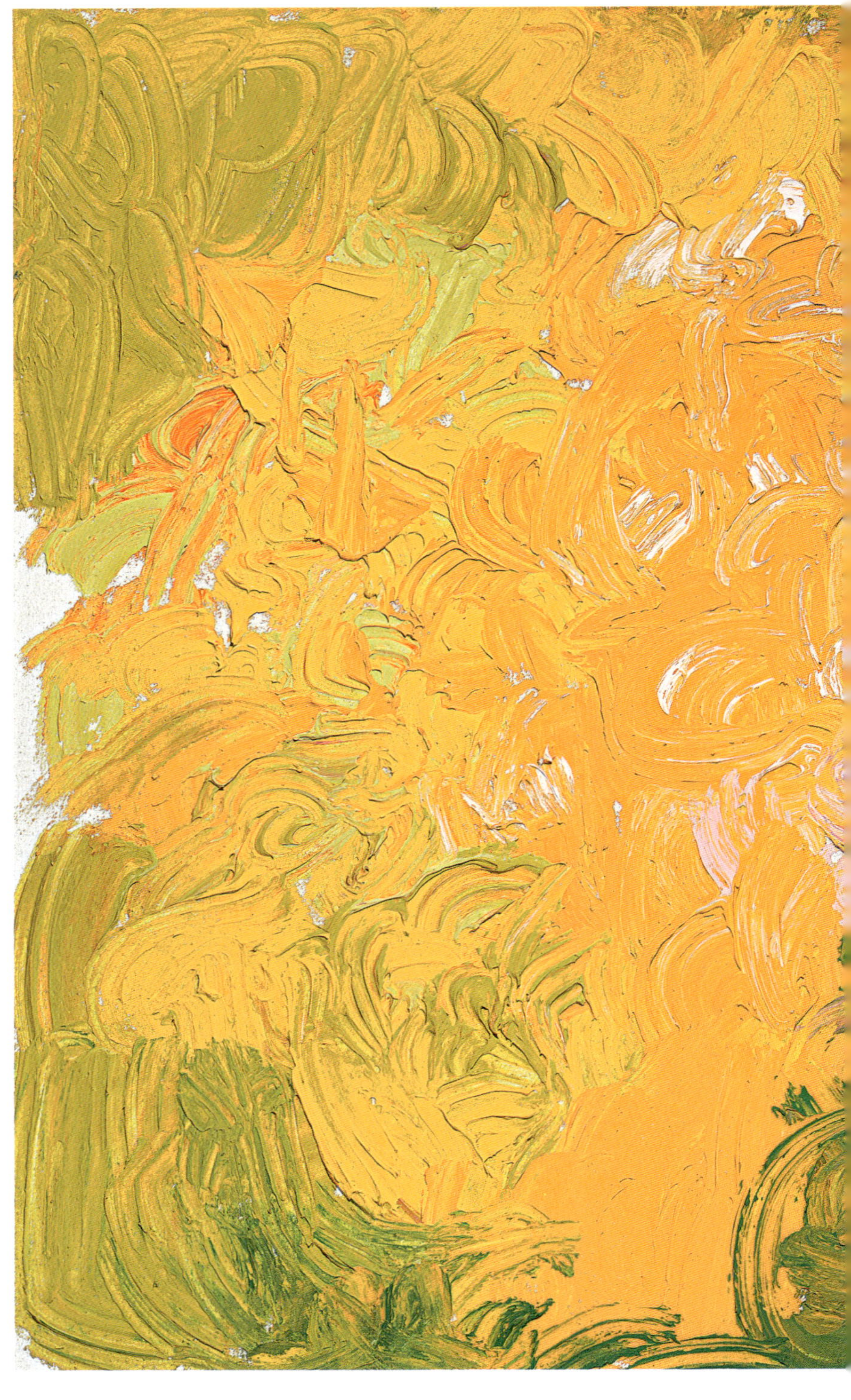

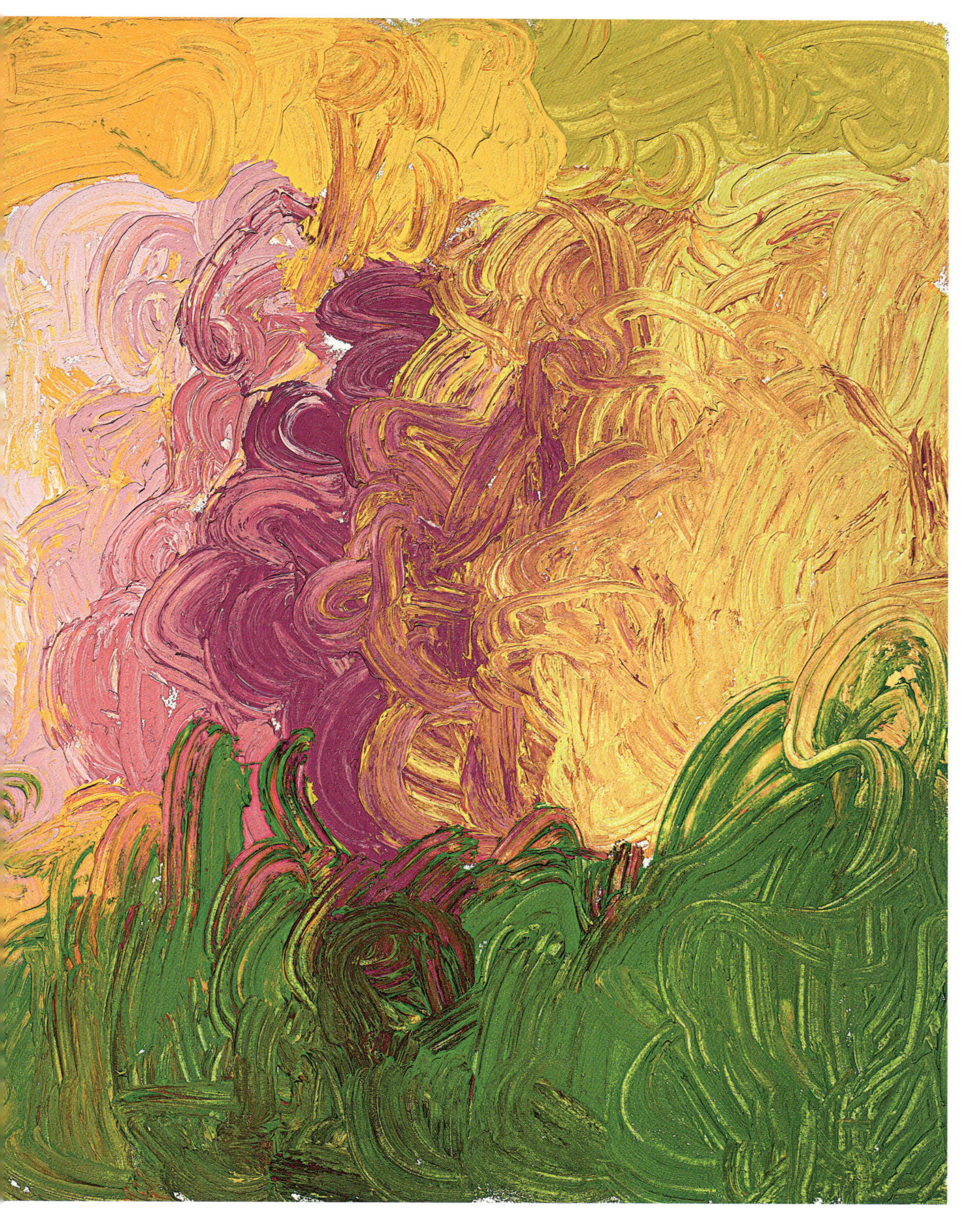

*Schüttbild/Peinture éclaboussée/*Poured Painting
juin 2020/June 2020
acrylique sur toile de jute/acrylic on jute canvas
200 × 300 cm

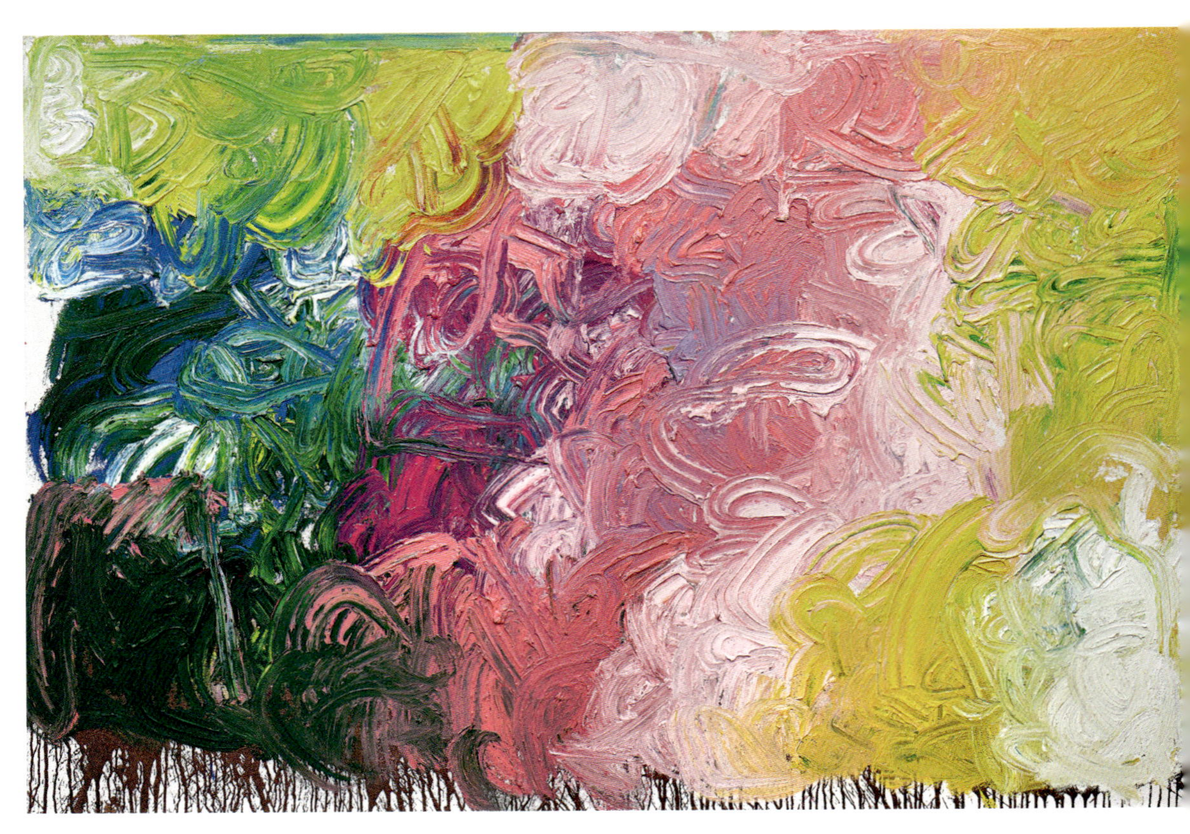

Schüttbild/*Peinture éclaboussée*/Poured Painting
mai 2021/May 2021
acrylique sur toile de jute/acrylic on jute canvas
200 × 300 cm

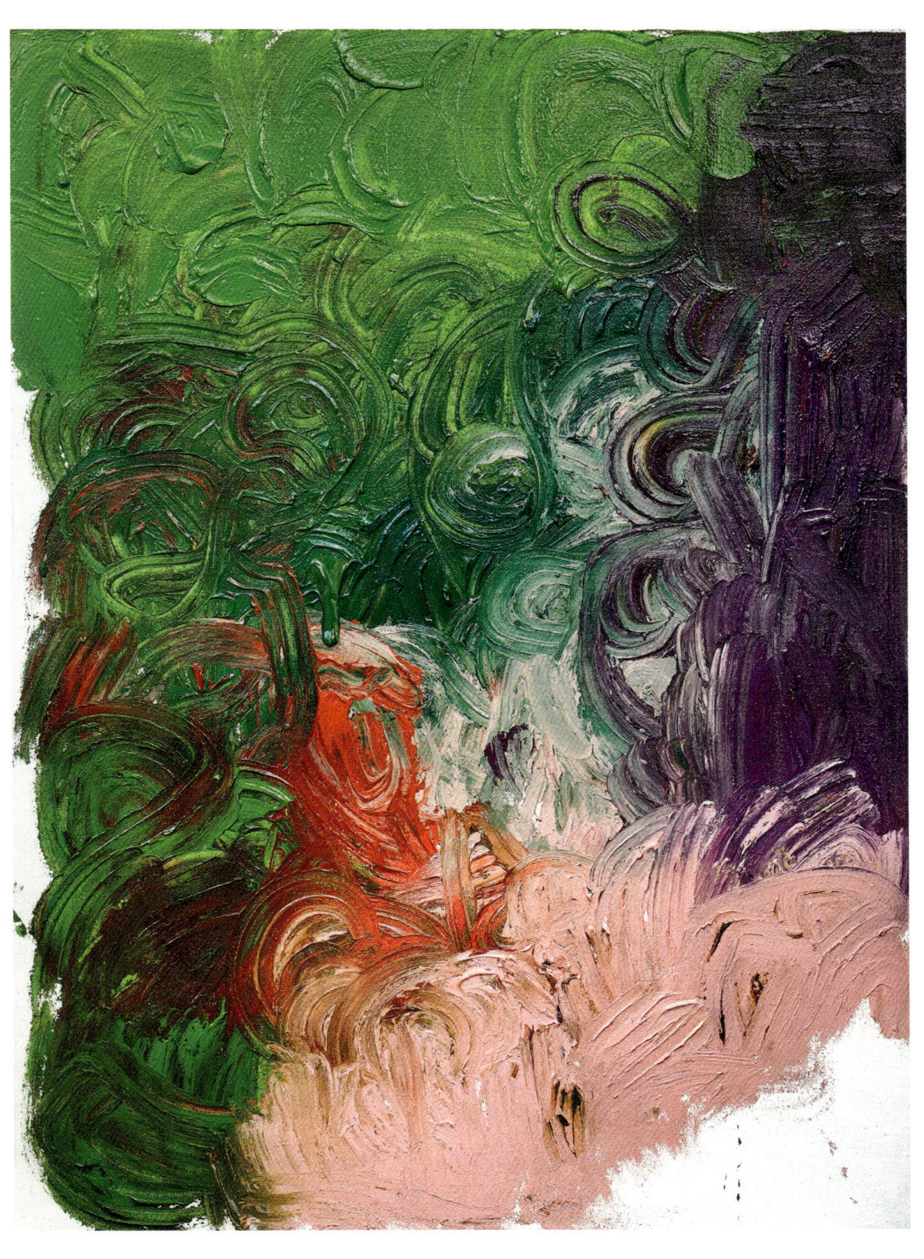

Schüttbild/Peinture éclaboussée/Poured Painting
mars 2020/March 2020
acrylique sur toile de jute/acrylic on jute canvas
200 × 150 cm

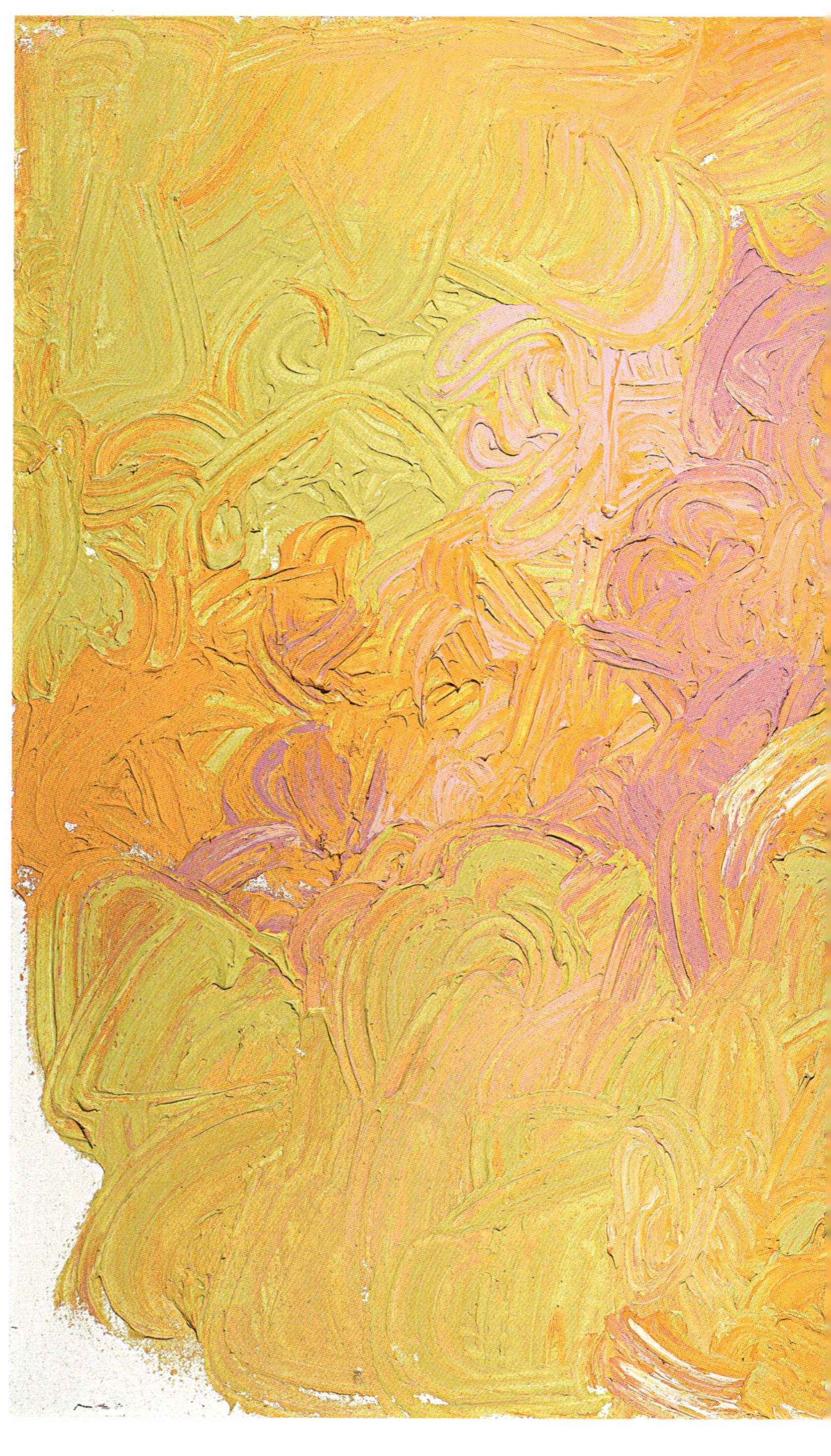

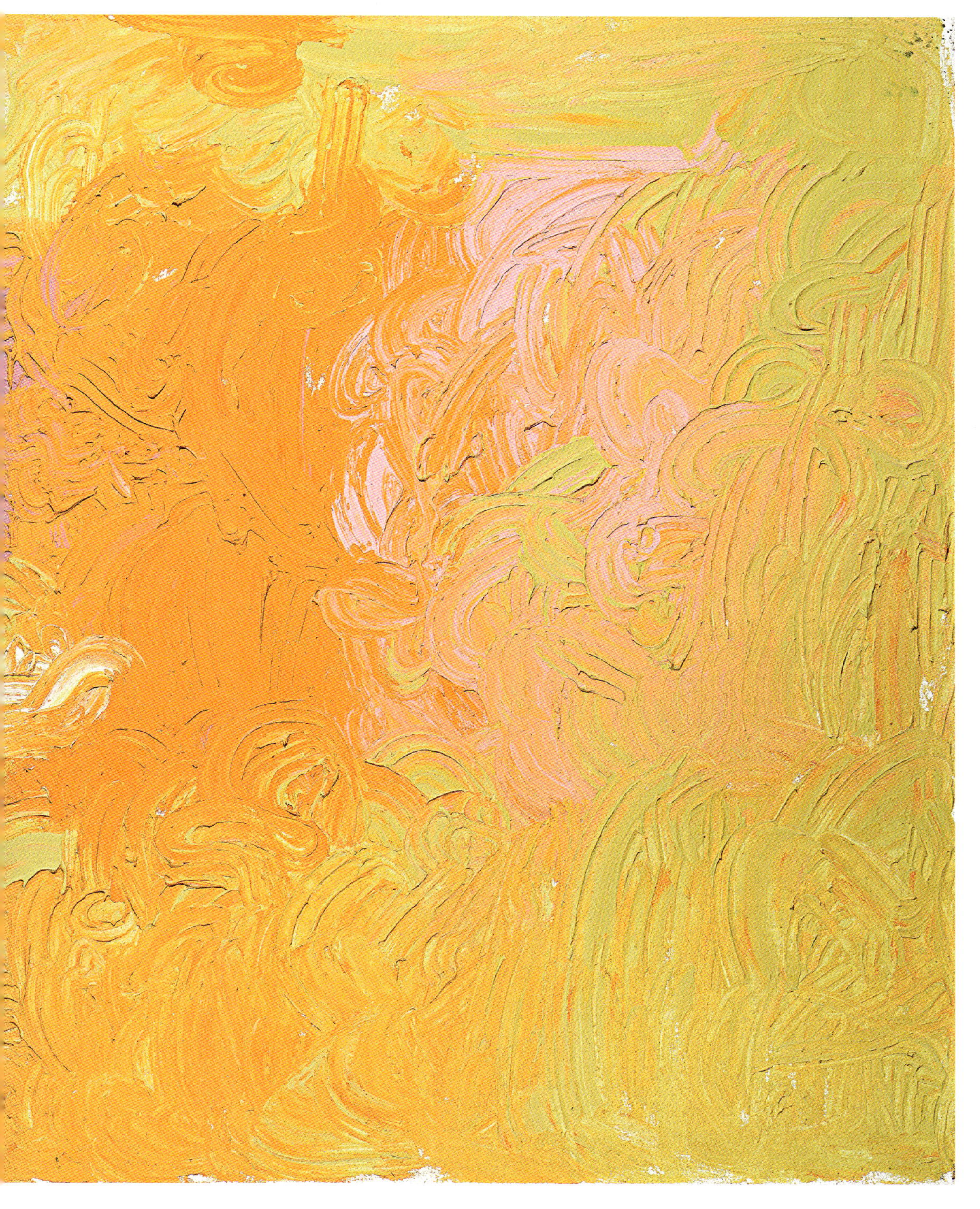

Schüttbild/*Peinture éclaboussée*/*Poured Painting*
juin 2020/June 2020
acrylique sur toile de jute/acrylic on jute canvas
200 × 300 cm

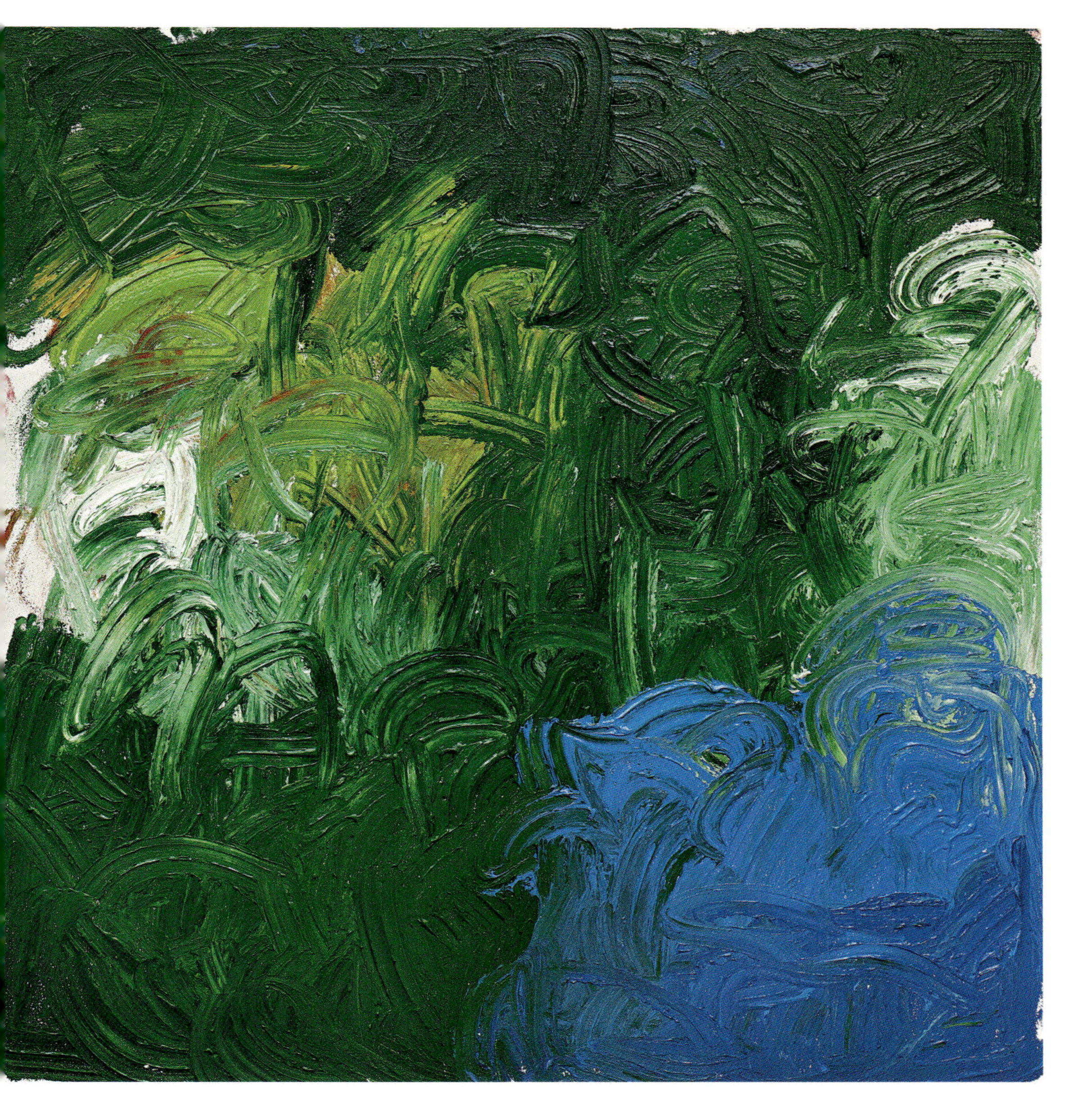

Schüttbild/*Peinture éclaboussée*/*Poured Painting*
juin 2021/June 2021
acrylique sur toile de jute/acrylic on jute canvas
200 × 200 cm

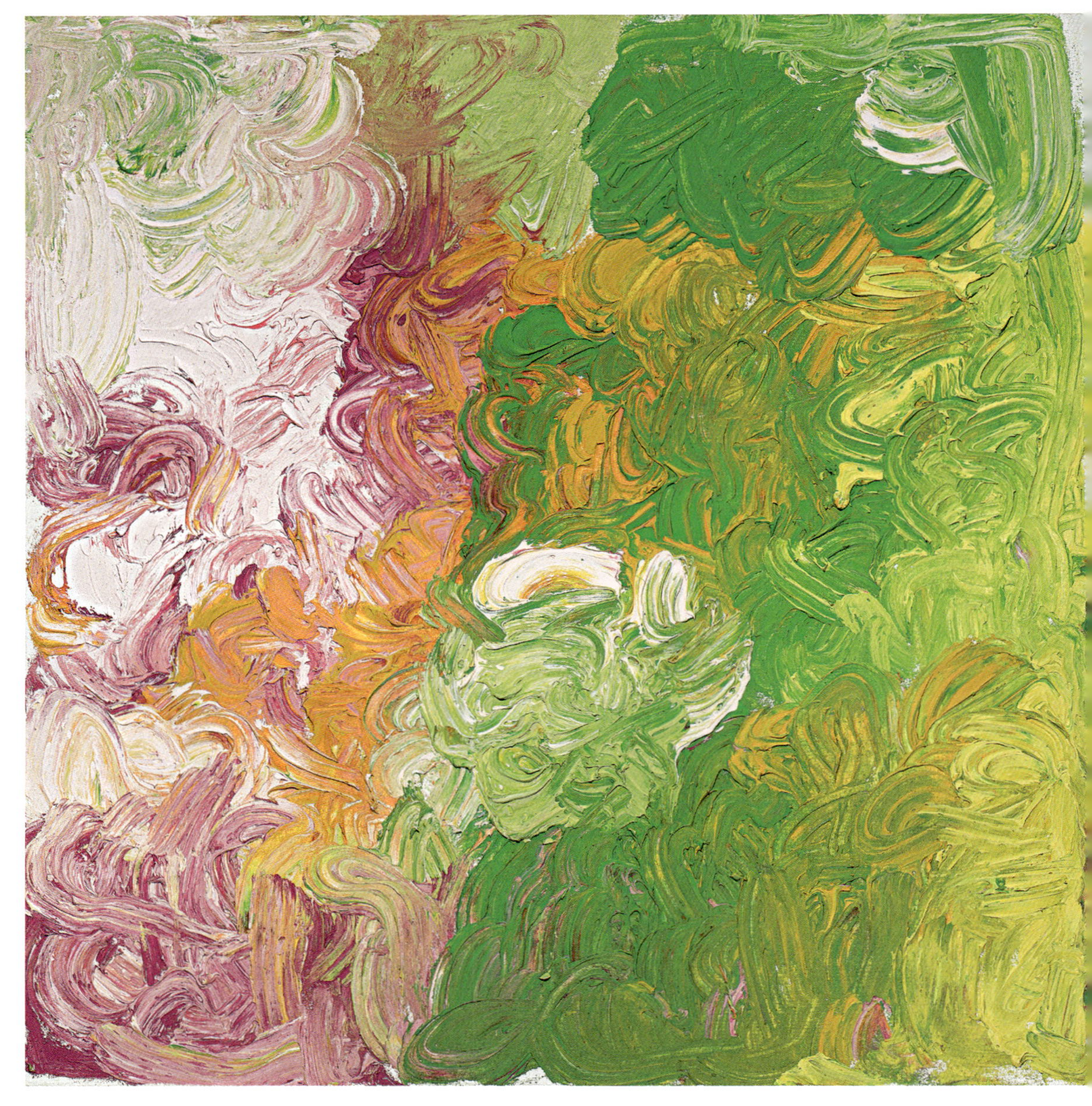

Schüttbild/*Peinture éclaboussée*/*Poured Painting*
octobre 2020/October 2020
acrylique sur toile de jute/acrylic on jute canvas
200 × 200 cm

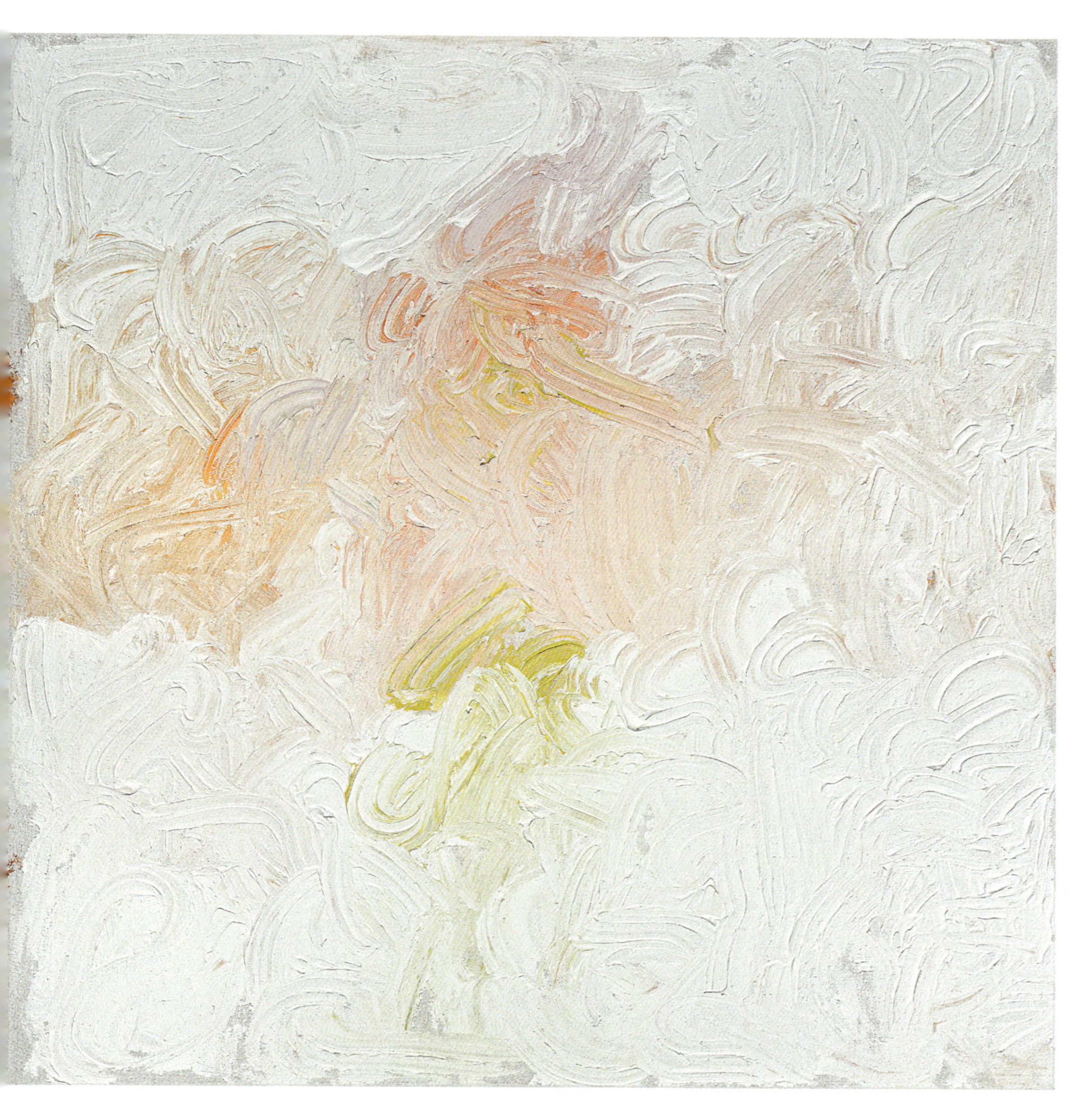

Schüttbild/*Peinture éclaboussée*/Poured Painting
octobre 2020/October 2020
acrylique sur toile de jute/acrylic on jute canvas
200 × 200 cm

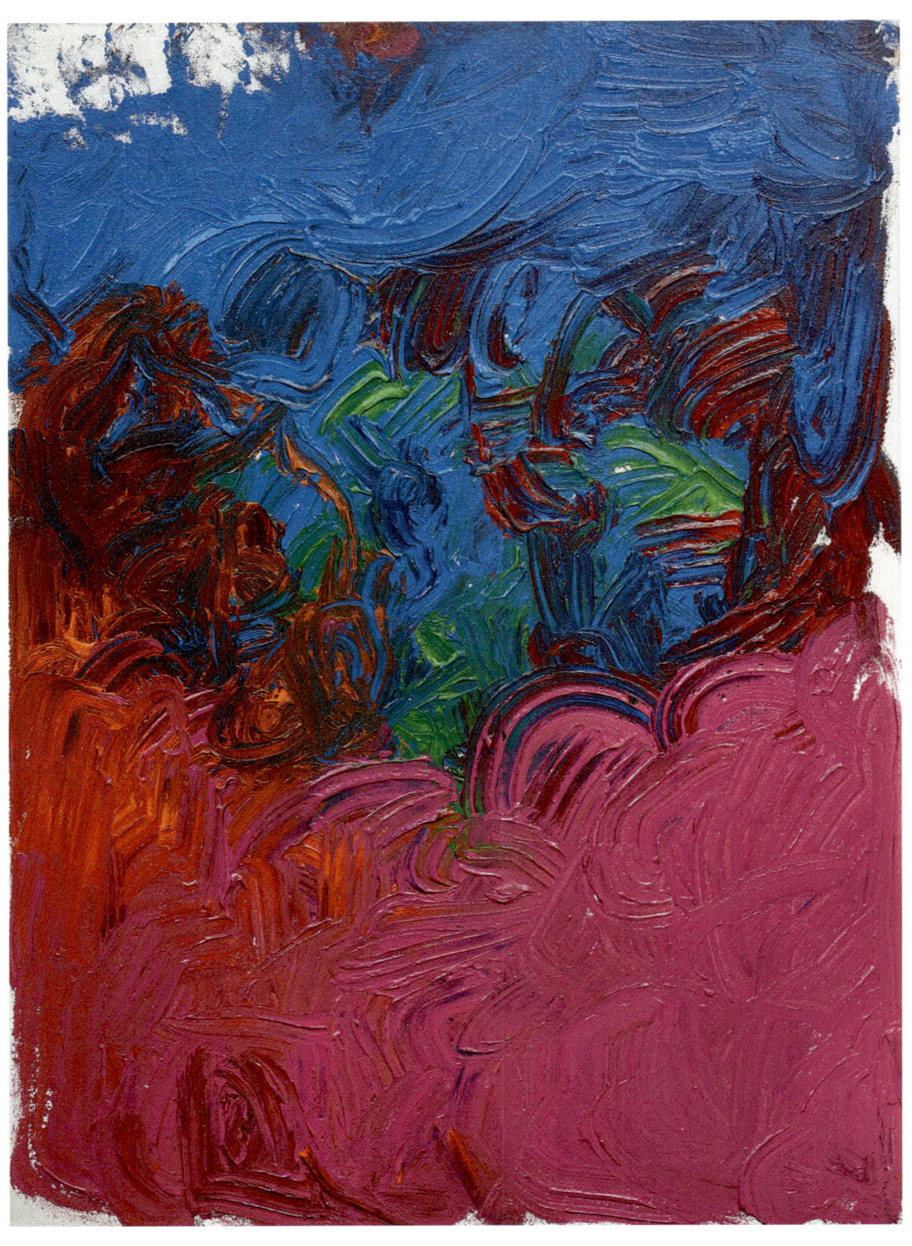

Schüttbild/Peinture éclaboussée/Poured Painting

juin 2021/June 2021
acrylique sur toile de jute/acrylic on jute canvas
200 × 150 cm

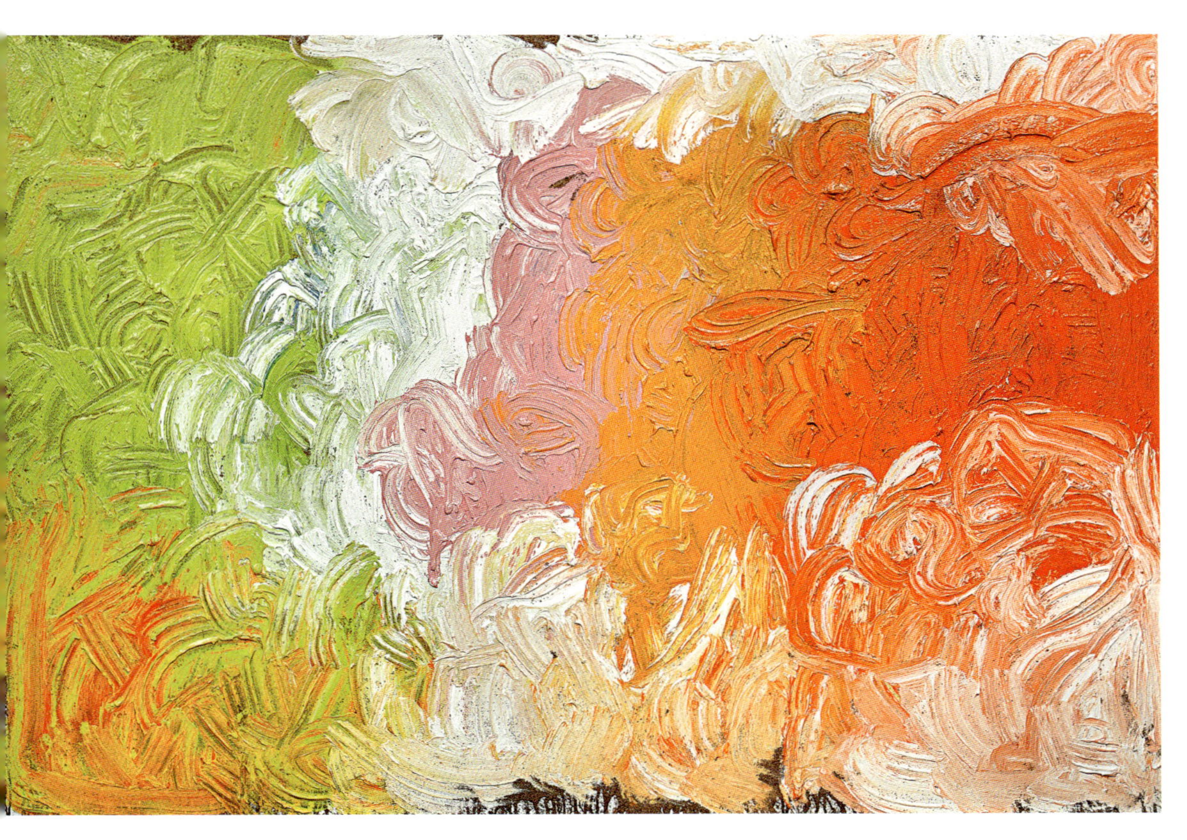

Schüttbild/Peinture éclaboussée/Poured Painting
mars 2020/March 2020
acrylique sur toile de jute/acrylic on jute canvas
200 × 300 cm

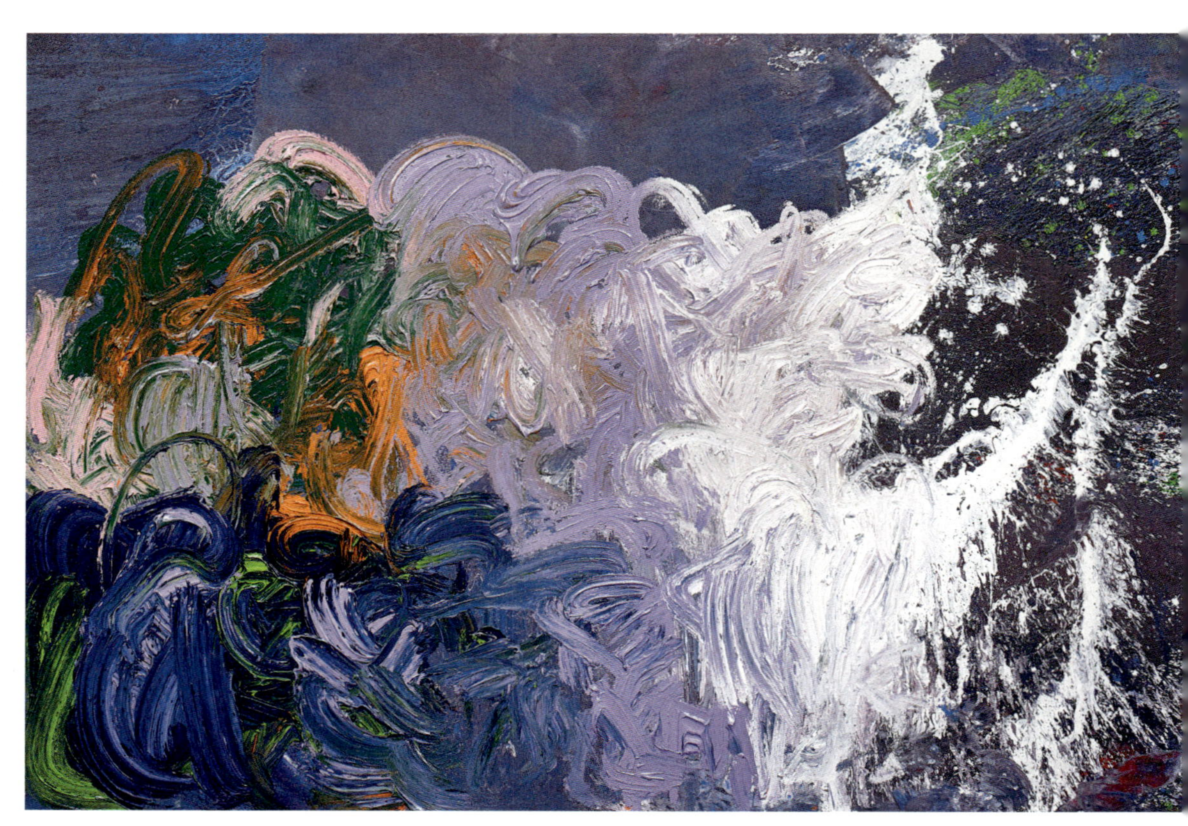

Schüttbild/*Peinture éclaboussée*/*Poured Painting*
avril 2021/April 2021
acrylique sur toile de jute/acrylic on jute canvas
200 × 300 cm

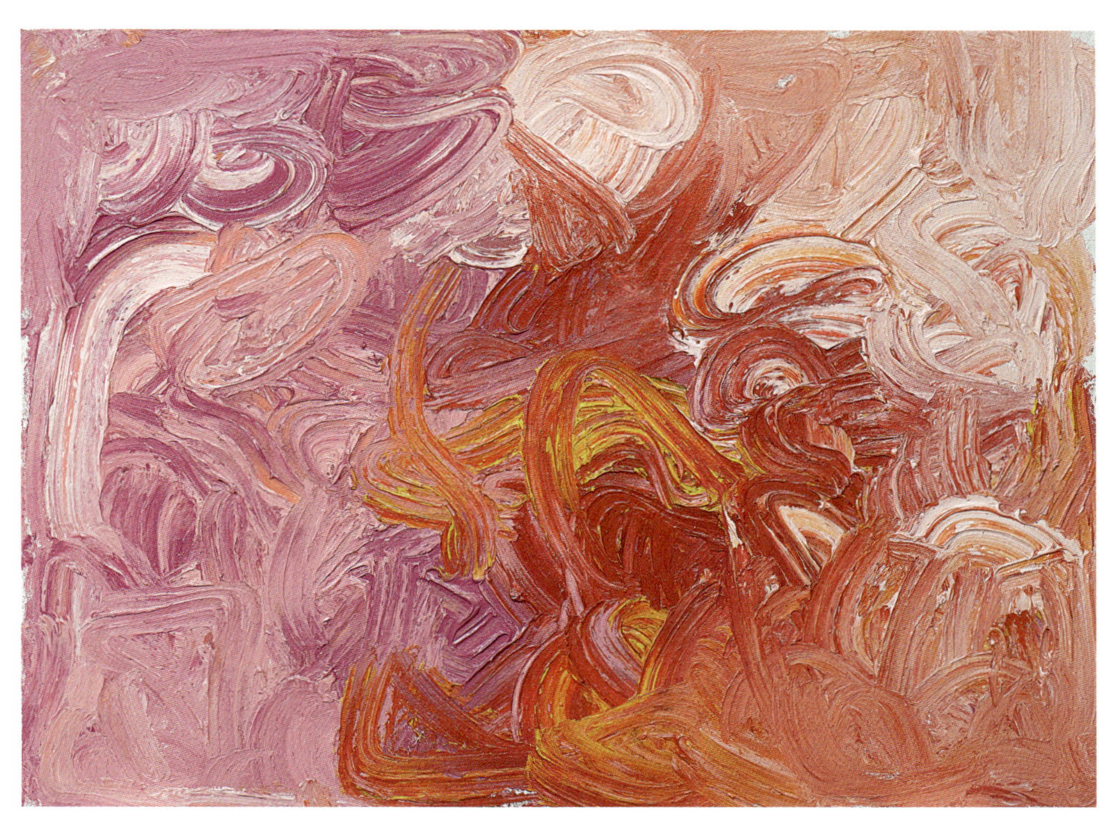

Schüttbild/Peinture éclaboussée/Poured Painting
décembre 2020/December 2020
acrylique sur toile de jute/acrylic on jute canvas
130 × 180 cm

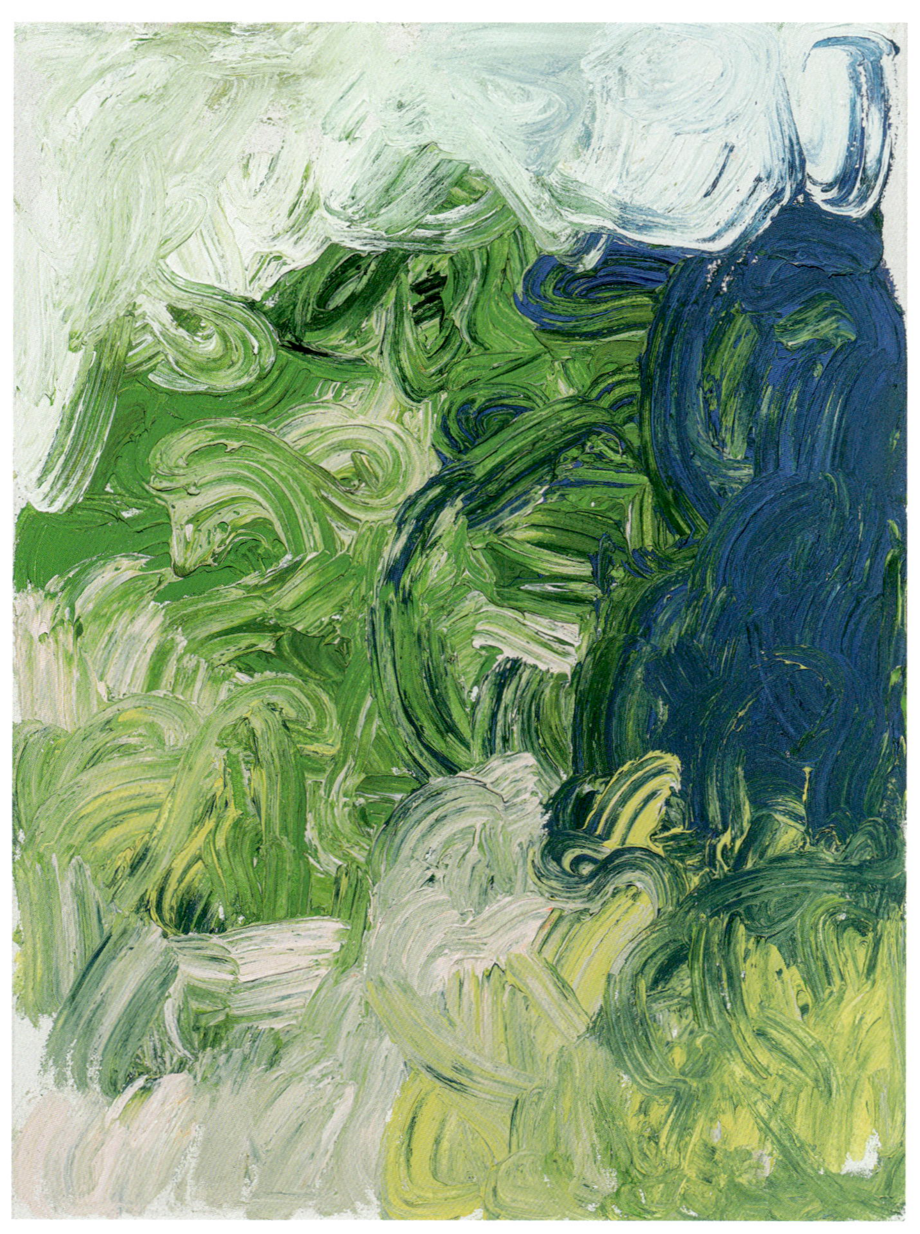

Schüttbild/*Peinture éclaboussée*/*Poured Painting*
octobre 2020/October 2020
acrylique sur toile de jute/acrylic on jute canvas
200 × 150 cm

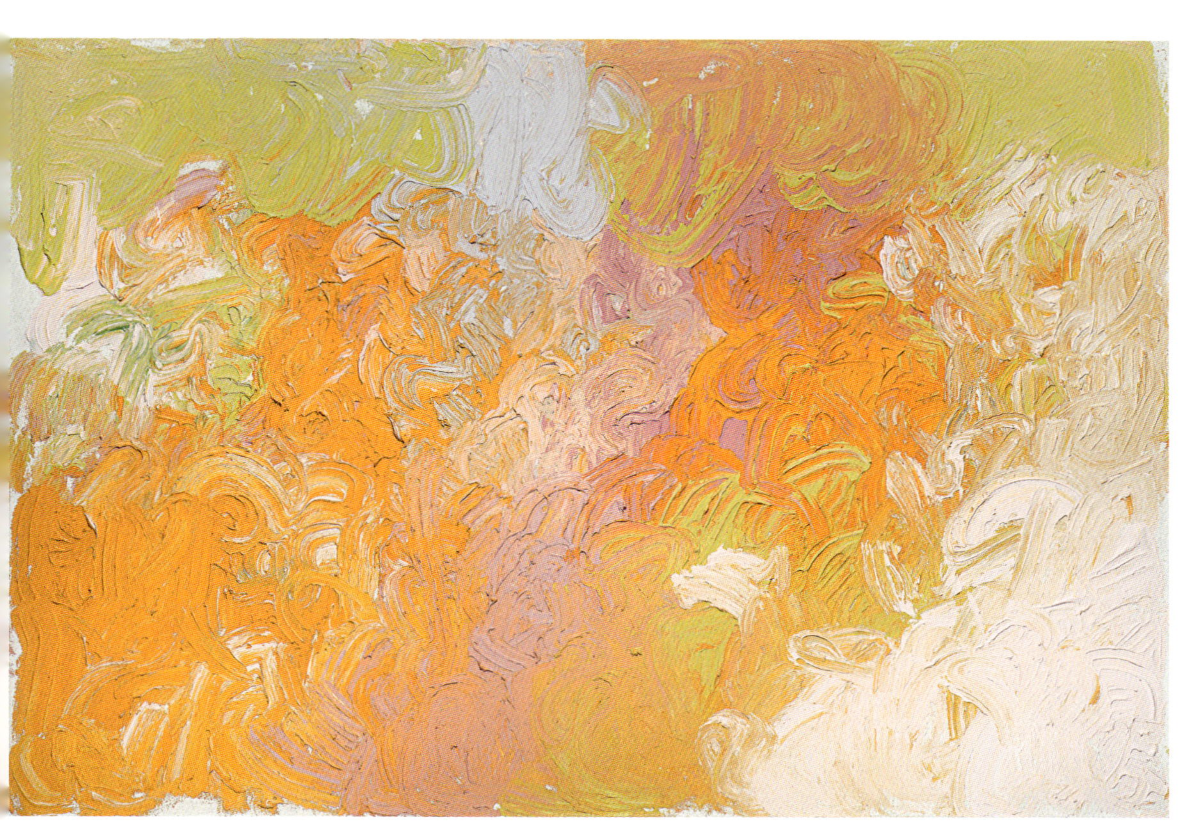

Schüttbild/Peinture éclaboussée/Poured Painting
octobre 2020/October 2020
acrylique sur toile de jute/acrylic on jute canvas
200 × 300 cm

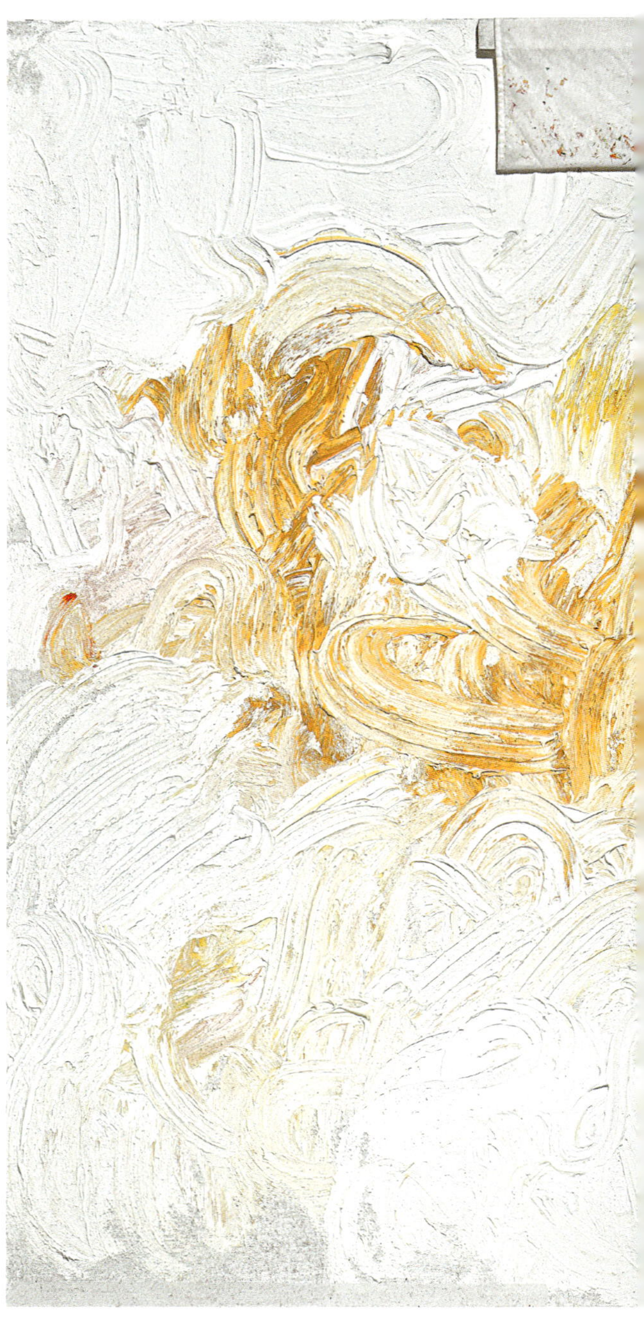

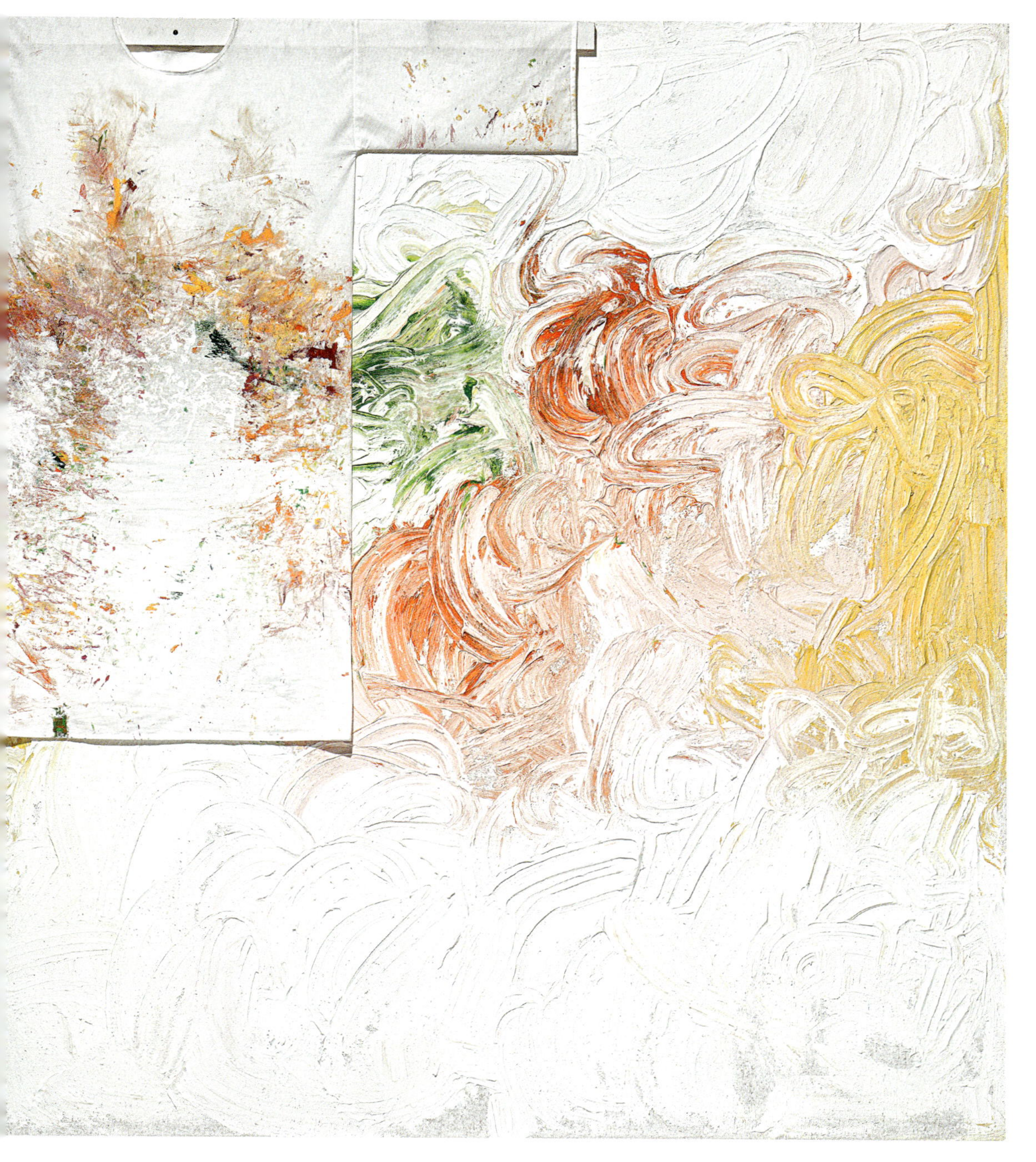

Schüttbild/Peinture éclaboussée/Poured Painting
octobre 2020/October 2020
acrylique sur toile de jute/acrylic on jute canvas
200 × 300 cm

résurrection

à chaque instant, le monde, l'être, nous permet de nous recréer (nous fait également mourir). le vivant, l'accomplissement de la vie, nous recrée en permanence. celui qui fait l'expérience de l'être, qui est saisi par l'être, subira l'accomplissement du tragique, subira la croix et, dans les cas extrêmes, la mort. vivre dans la joie est une résurrection permanente, est l'être en marche vers la résurrection. chaque fête enragée est une fête de l'être, de la résurrection, est notre naissance permanente, notre réveil clair dans l'être. de la mort répétée d'innombrables fois, nous nous sommes réveillés dans notre être(-là) profond, vivant. la lumière nous entoure, le feu ne nous tue pas, il conditionne notre existence, il nous fait rayonner. de la même manière que le printemps vivant, débordant de sève, nous mène vers une célébration sacrée. les vignes, les forêts, les champs reverdissent avec des plantes et des feuillages respirant l'oxygène. les jardins sont luxurieusement emplis de fleurs et de plantes. le lilas et le jasmin embaument jusqu'à l'engourdissement le long des chemins à travers les jardins et les champs. notre cœur, nos corps sont emplis, sainement irrigués de sang, nous sommes ressuscités. chaque instant vécu qui sonde le fond sans fond produit une ivresse enthousiaste, une idée de notre nature, de notre être. nous sommes ressuscités, avons crû dans la fête *de l'être* (dans l'événement). un triomphe organique du devenir se produit. nous sommes ressuscités entourés de lumière claire et rayonnante. de l'intérieur, du vide de notre moi, elle rayonne de millions d'éclats, de milliards de galaxies lointaines. l'illumination, la résurrection, nous est advenue. nous rions, sourions, le sourire nous appartient, le goût du vin, le parfum léger des cyclamens et des narcisses.

l'être nous appelle, nous attire dans son éveil permanent, dans notre résurrection sans fin. le retour éternel, tout ce qui a été vécu puissamment et sans réserve, nous fait toujours goûter la lumière *matinale*, la lumière fraîche et rayonnante. le rire du ressuscité, et derrière lui le cosmos pointant vers l'infini. l'exaltation, l'ivresse du vin, nous pousse vers la résurrection. une vague d'exaltation ouvre à des aventures galactiques. la résurrection est l'être. la résurrection se rend à nouveau dans le domaine de la croix, du déchirement, de la mort, des limbes, dans la nuit cosmique du néant. toujours face à un univers infini (incessant), ainsi que dans la profondeur du fond sans fond, venu du vide se reproduit l'appel du néant de la mort en direction d'une « nouvelle » résurrection, qui toujours et à nouveau s'accomplit sans fin !

le soleil vient de se coucher, devant nous à l'horizon, une chaîne de collines dans la lumière du soir. nous sommes ressuscités. emplis d'un bonheur immense, nous marchons sur la route des caves. les portes des caves à vin sont grandes ouvertes, on nous embrasse et on nous prie d'entrer, nous buvons du vin et nous mangeons du pain et de la viande. nous portons des robes blanches éclatantes. on apporte la nouvelle de la résurrection parmi les vignerons, parmi les buveurs. après le coucher du soleil, l'air a à peine fraîchi. le corps supplicié en tant qu'incarnation de l'être porté en croix par l'orgie, sacrifié au tragique, sera à nouveau conduit à la résurrection.

Hermann Nitsch
Extrait de *Das Sein – zur Theorie des Orgien Mysterien Theater*
[*L'être – de la théorie du théâtre des orgies et mystères*],
Vienne, Styria Verlag, 2009

resurrection

the world, being, allows us to arise anew at every moment (as it allows us to also die). vitality, life fulfilling itself, allows us to arise anew, always, perpetually. the unfolding of the tragic, of the cross, in extreme cases death itself, imposes itself on one who experiences, apprehends being. experiencing joy is permanent resurrection, it is being that is directed towards resurrection. every frenzied feast is a feast of existence, of resurgence, is our permanent birth, our lucid awakening into being. we have awakened from a death occurring countless times into our deepest vital being (-there). light envelops us, the fieriness does not consume us, it conditions us, it causes us to shine radiantly. just like the vital pulsating juices of spring cause the holy feast to unfurl and diffuse. vineyards, woods and fields are freshly greened with plants and oxygen-breathing foliage. the gardens are luxuriantly full to bursting with flowers and plants. lilac and jasmine exude their exhilarating charm along the paths through the gardens and fields. our hearts, our bodies are buoyantly whole and healthy, suffused with pulsating blood, we are arisen. every experienced moment, plumbing the depths of the depthless, induces drunken enthusiasm, a fathoming of our nature, our being. we have risen, growing into the festivity *of being* (into the event that is occurring). an organic triumph of becoming is transpiring. we have risen, enveloped by bright, gleaming light. from within, out of the void of our self, it shines forth like from millions of flashes, from billions of distant galaxies. illumination, resurrection has befallen us. we laugh, we smile, we are the smiling, the taste of the wine, the fresh smell of cyclamen and narcissus.

being calls, draws us into our perpetual awakening, into our always and constantly occurring resurrection. the unceasing recurrence, all that is intensely and whole-heartedly experienced, lets us always savour the *matutinal* light, the fresh, cool, gleaming light. the laughter of the resurrected, behind them the cosmos pointing into infinity. the delirium of intoxication, the exhilaration of wine, impels us into resurrection. a wave of rapture activates galactic adventure. resurrection is being. resurrection betakes itself back into the domain of the cross, of being torn asunder, of death, of the limbo into the cosmic night of nothingness. always facing an endless (unceasing) universe, in the depths of the fathomless depths, out of the void, there resonates the call from the nothingness of death towards a 'new' resurrection, which will eternally arise!

the sun has just set, in front of us on the horizon a crepuscular chain of hills. we are resurrected. infused with inordinate happiness we walk through the cellar lanes. the doors of the wine cellars are wide open, we are hugged and asked to stop off, we drink wine and eat bread and meat, we are wearing gleaming white garments. the message of resurrection is given to the winemaker, the drinkers. it is after sunset and the air has hardly cooled. the martyred body, as the incarnation of being, driven from the orgiastic to the cross, sacrificed to the tragic, is led once again to resurrection.

Hermann Nitsch
Excerpt from *Das Sein – zur Theorie des Orgien Mysterien Theater*
[Being - Towards a Theory of the Orgies Mysteries Theatre],
Vienna, Styria Verlag, 2009

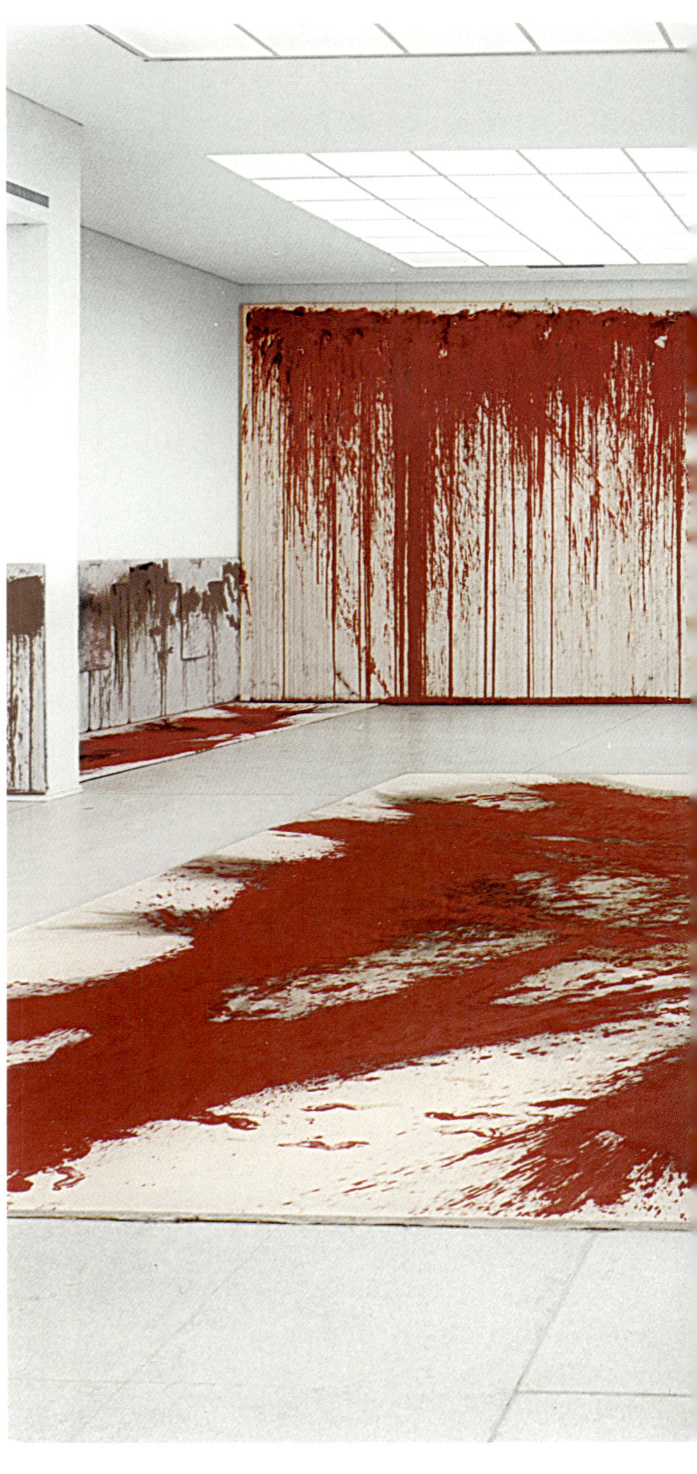

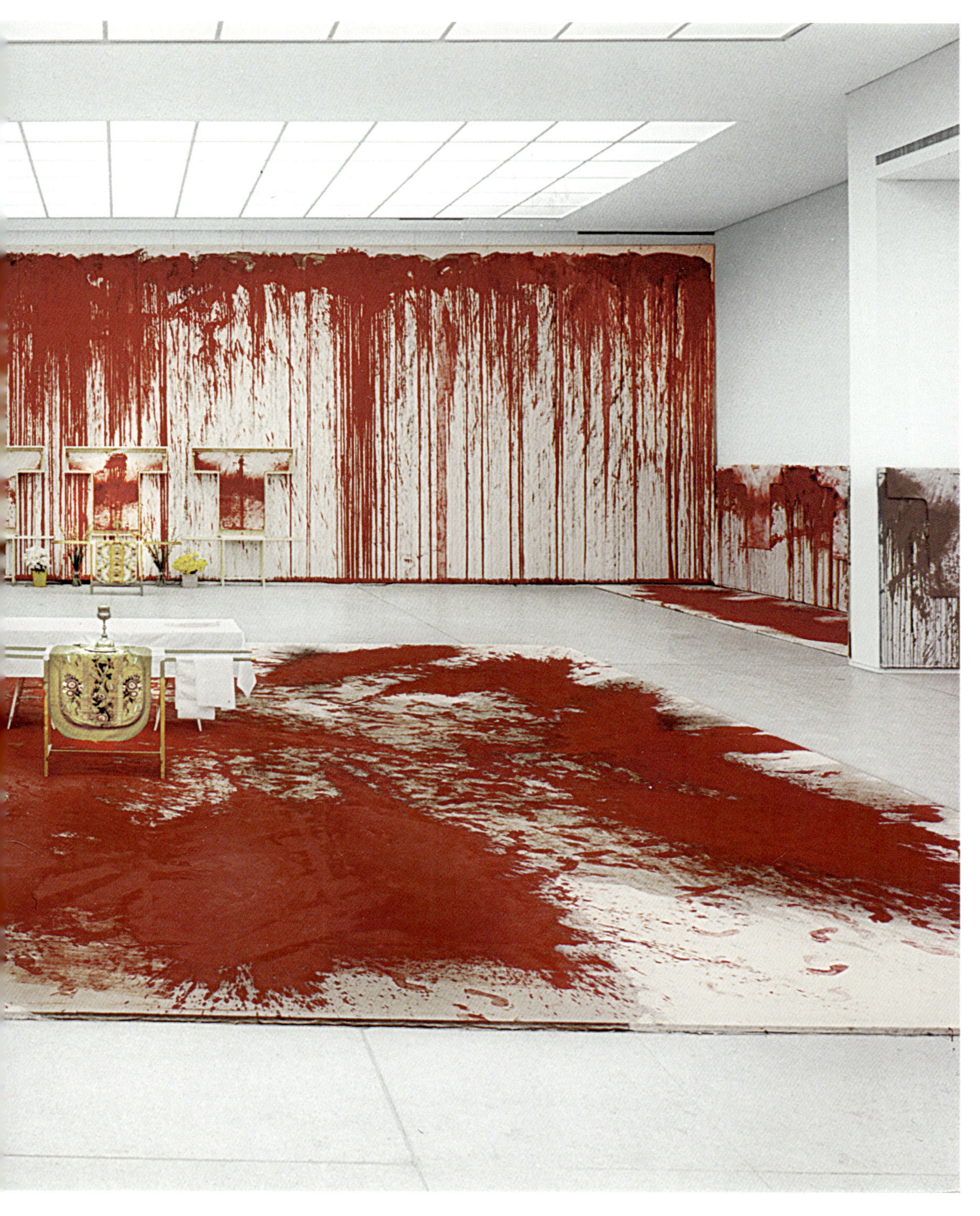

20ᵉ action-peinture/20th Painting Action
1987
Palais de la Sécession, Vienne
Secession Building, Vienna

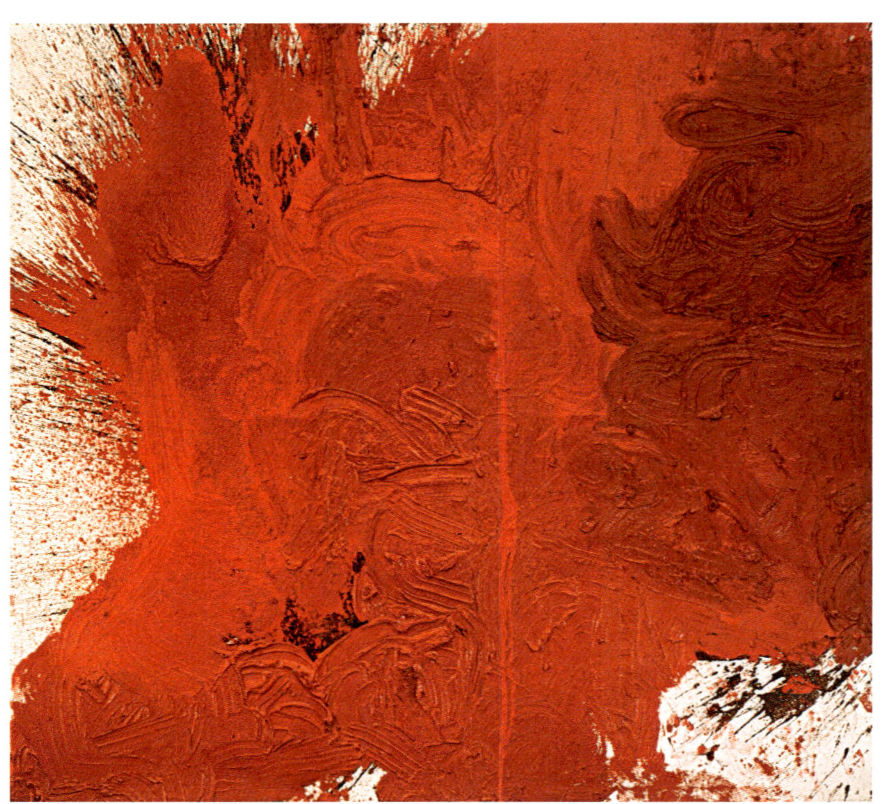

Schüttbild/*Peinture éclaboussée*/*Poured Painting*
1992
huile sur toile de jute et sang/oil on jute canvas with blood
270 × 300 cm

54

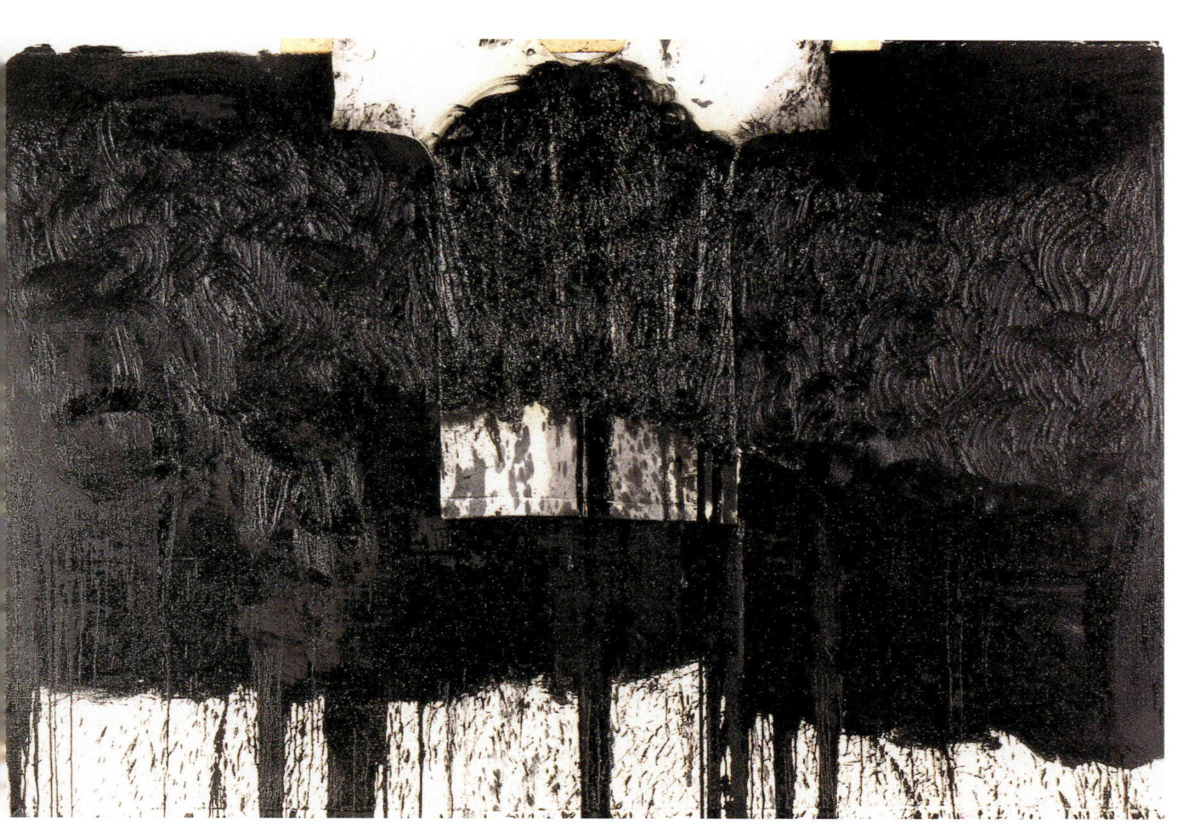

Schüttbild/*Peinture éclaboussée*/*Poured Painting*
août 1994/August 1994
huile sur toile de jute/oil on jute canvas
200 × 300 cm

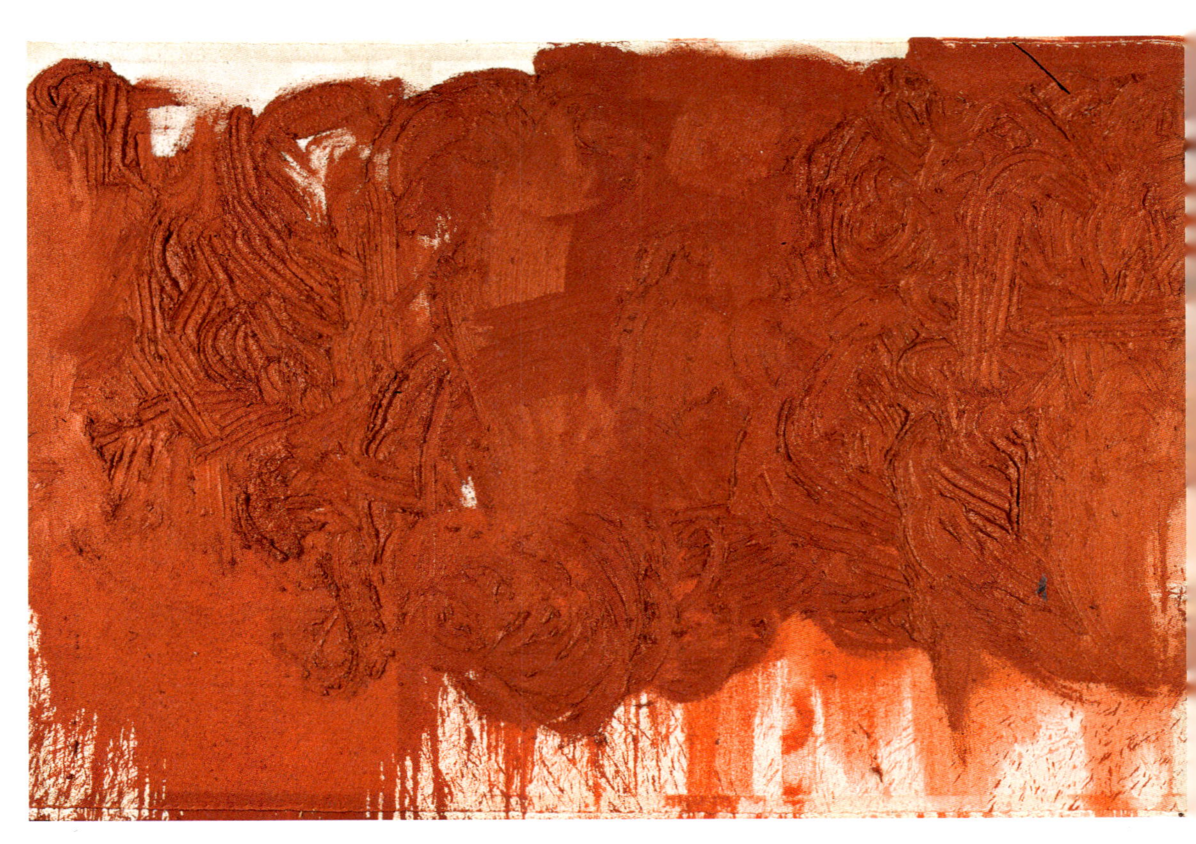

Schüttbild/*Peinture éclaboussée*/*Poured Painting*

juin 1995/June 1995
huile sur toile de jute/oil on jute canvas
200 × 300 cm

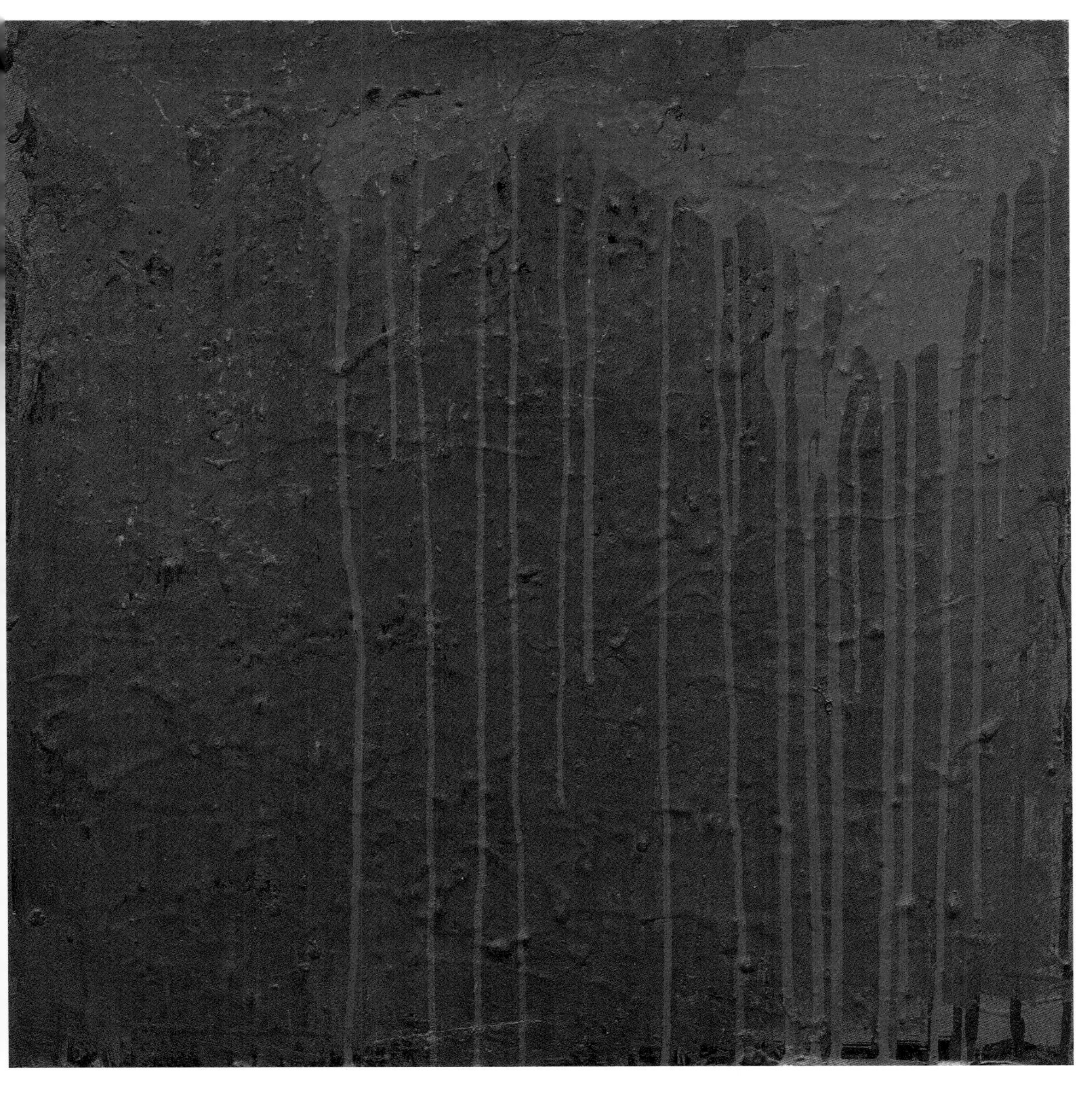

Tafel des kleinen Existenzaltars (5)
Tableau du petit autel de l'existence
Panel of the small altar of existence

1960
technique mixte sur panneau dur/mixed media on hardboard
60,5 × 60,7 cm

Hermann Nitsch en quelques dates

Sarah Imatte

—1938
Hermann Nitsch naît
à Vienne, le 29 août.

—1944
mort de son père au cours
de la Seconde Guerre
mondiale. Le jeune garçon,
élevé par sa mère, entretient
des liens étroits avec
ses grands-parents,
particulièrement avec
son grand-père, qui lui fait
découvrir le dessin.

—1953
intègre la Höhere
Graphische Bundes-
Lehr- und Versuchsanstalt,
l'« École supérieure des arts
graphiques », communément
appelée « La Graphique ».

—1957
Nitsch développe l'idée
d'une vision synthétique de
la création, qu'il appelle
Orgien Mysterien Theater,
« le Théâtre des Orgies et des
Mystères », selon le principe
de l'œuvre d'art totale.

—1958
trouve un emploi de
graphiste au Musée
technique de Vienne.

—1959
visite de l'exposition
« Junge Maler der
Gegenwart » (« Jeunes
artistes contemporains »)
au Künstlerhaus de Vienne,
présentant des œuvres de
Arnulf Rainer, Josef Mikl,
Wolfgang Hollegha, Antoni
Tapiès, Willem de Kooning,
Sam Francis, Jackson
Pollock et Georges Mathieu,
à la suite de laquelle Nitsch
se rallie à l'*action painting*.

—1960
· est autorisé à installer
son atelier au sein du Musée
technique.

· début des *Malaktionen*
(« actions-peintures »), où
la dimension performative
devient aussi importante
que la peinture qui en
résulte. L'espace
bidimensionnel de la toile
s'ouvre ainsi à la troisième
dimension, intégrant
l'acte même de peindre,
le corps de l'artiste et celui
du spectateur. La première
de ces actions-peintures,
Kreuzwegstationen (*Chemin
de Croix*), est réalisée
le 18 novembre dans l'atelier
viennois de l'artiste.

—1962
· nouvel atelier de
la Brünner Strasse, dans
le quartier de Floridsdorf,
à Vienne.

· du 1er au 4 juin, Nitsch
réalise avec Otto Muehl et
Adolf Frohner *Die Blutorgel*
(*L'Orgue de sang*). Enfermé
dans l'atelier de Muehl,
Nitsch y réalise *Blutorgelbild*
(*Peinture de l'orgue de sang*),
premier *Schüttbild*
(technique picturale
inspirée du « *pouring* », où
la peinture est directement
versée sur la toile) réalisé
avec du sang d'agneau.
La performance fait figure
d'acte de naissance de
l'« actionnisme viennois »,
désigné comme tel par
Peter Weibel en 1969.
La dénomination met en
exergue le caractère
dissident et intrinsèquement
politique de la mouvance.

· le 19 décembre, dans
l'atelier de Muehl, Nitsch
réalise ce qu'il considère
comme sa première
« action », c'est-à-dire une
performance non picturale,
à la différence des
Malaktionen. Attaché à une
croix, il se fait entièrement
recouvrir de peinture.
La crucifixion et le sacrifice
deviennent un thème
central dans son œuvre.

—1963
· première action publique
le 8 mars à l'occasion
de l'ouverture de la galerie
Dvorak, Lagergasse, à Vienne.

· le 28 juin, Nitsch et Muehl
organisent *Fest des
psychophysischen Naturalismus*
(*La Fête du naturalisme
psychophysique*). Relayée par
la presse, l'action suscite
l'intervention de la police
et fait scandale. Nitsch et
Muehl sont mis en détention.

—1964
MANIFEST das lamm
(*Manifeste - L'agneau*).

—1966
· pour la première fois,
les actionnistes viennois
sont présentés à l'étranger,
invités par Gustav Metzger
à se produire dans le cadre
du « Destruction in Art
Symposium (DIAS) » qui se
tient à Londres.

· Nitsch se sépare d'Eva
Kranich, qu'il avait épousée
l'année précédente.

—1967
en raison de plusieurs
procès qui lui ont été
intentés et de ses trois
condamnations à la prison,
Nitsch quitte l'Autriche pour
l'Allemagne, où il s'établit
jusqu'en 1978.

—1968
· nombreuses actions,
expositions et concerts à
l'étranger, notamment à
Cincinnati et à New York,
où il se lie avec des membres
de Fluxus.

· épouse Beate König.

—1970
actions à New York,
Munich et Cologne.

—1971
· Nitsch achète le château
de Prinzendorf, en
Basse-Autriche, qui devient,
jusqu'à sa mort, sa résidence
principale, son atelier
et le lieu où se déroulent les
représentations du Théâtre
des Orgies et des Mystères.

· commence le cycle *Die Eroberung von Jerusalem* (*La Conquête de Jérusalem*).

— 1972
à l'instigation de Harald Szeemann, Nitsch participe à la documenta 5 de Kassel.

— 1973
à Prinzendorf se déroule le premier Pfingstenfest (Festival de la Pentecôte).

— 1975
50e action d'une durée de 24 heures à Prinzendorf.

— 1976
Das letzte Abendmahl (*La Cène*), dessin monumental, poursuivi jusqu'en 1979 et transposé en gravure en 1983.

— 1977
· mort de son épouse, Beate König, dans un accident de voiture.

· 55e action *Requiem für meine Frau Beate* (*Requiem pour ma femme Beate*) à Bologne. La musique occupe désormais une place centrale dans l'œuvre de l'artiste.

— 1978
début de sa collaboration avec la galerie Heike Curtze.

— 1980
première représentation de la *Allerheiligen Sinfonie* (*6. Sinfonie – Symphonie de la Toussaint – 6e symphonie*) au MAK de Vienne.

— 1982
Nitsch participe à la documenta 7 de Kassel, dont le commissariat est assuré par Rudi Fuchs.

— 1983
· exposition au Stedelijk Van Abbemuseum d'Eindhoven organisée par Rudi Fuchs.

· après une vingtaine d'années à réaliser des actions, Nitsch se remet à peindre dans le cadre de nouvelles actions-peintures.

— 1984
· du 27 au 30 juillet se tient à Prinzendorf le 3 Tage Spiel (Festival des 3 Jours) au cours duquel Nitsch réalise sa 18e action-peinture.

· début du cycle *Die Architectur des Orgien Mysterien Theater* (*L'architecture du Théâtre des Orgies et des Mystères*), dans lequel Nitsch cartographie le territoire fantasmatique et psychique du Théâtre des Orgies et des Mystères, composé d'un entrelacs de formes à la fois abstraites et géométriques ainsi que d'éléments organiques se rattachant au corps humain.

· mort de sa mère.

— 1985
première représentation de la 7e Symphonie à Graz, à l'occasion du festival Steirischer Herbst.

— 1987
· du 18 au 21 février, réalise au sein de l'espace d'exposition de la Sécession de Vienne sa 20e action-peinture.

· exposition « Das Orgien Mysterien Theater 1960-87 » à la Villa Pignatelli, à Naples.

— 1988
· épouse Rita Leitenbor.

· première rétrospective au Lenbachhaus de Munich.

· participation à la Biennale de Sydney où a lieu sa 26e action-peinture.

— 1989
· Nitsch est nommé professeur à la Städelschule de Francfort.

· 27e action-peinture en juin et 28e en décembre où Nitsch exécute ses premières toiles colorées, inspirées par la liturgie catholique (vert, bleu, violet, noir, blanc et rouge). La plupart de ces peintures intègrent la blouse-chasuble portée par l'artiste au cours de leur réalisation.

· première *Peinture fontaine*.

— 1991
premier *Cycle noir*.

— 1992
· Nitsch et son épouse s'installent dans leur résidence secondaire à Monfumo, en Italie.

· représente l'Autriche à l'Exposition universelle de Séville, en Espagne.

— 1993
· donne des cours à l'Académie internationale estivale de Salzbourg.

· Wolfgang Denk organise à la galerie nationale de Prague la plus grande exposition jusqu'alors consacrée à l'artiste.

— 1994
· exposition à la Kunsthalle Krems à l'instigation de son directeur, Wolfgang Denk.

· en août, Nitsch réalise sa première *Peinture de bœuf*, inspirée par *Le Bœuf écorché* de Rembrandt et par *Bœuf et tête veau* de Chaïm Soutine (musée de l'Orangerie).

· second *Cycle noir*.

· série de peintures aux tonalités brunes.

— 1995
Nitsch met en scène *Hérodiade* de Jules Massenet à l'Opéra national de Vienne.

— 1997
rétrospective à la Konsthallen Göteborg en Suède et au musée d'Art et d'Histoire du Luxembourg.

— 1998
· 6 Tage Spiel (Fête des six jours) à Prinzendorf du 3 au 9 août. Il s'agit de la 100e action de l'artiste, à laquelle participent plus de cinq cents intervenants.

· exposition « Out of Actions » au MOCA de Los Angeles, au MAK de Vienne, au MACBA de Barcelone et au Museum of Contemporary Art de Tokyo.

— 2000
au cours de l'été, Nitsch réalise sa 43e action-peinture. Les toiles multicolores et lumineuses, constituées de rouge, de vert, de bleu et de jaune, forment le premier *Auferstehungszyklus* (*Cycle de la résurrection*).

— 2001
Nitsch met en scène *Satyagraha* de Philipp Glass au Festspielhaus de St. Pölten.

— 2002
deuxième *Cycle de la résurrection* : la couleur jaune y domine. L'année suivante, le cycle se poursuit avec le monumental *Auferstehungstriptychon* (*Triptyque de la Résurrection*).

— 2003
rétrospective en l'honneur du 65e anniversaire de l'artiste au Essl Museum de Klosterneuburg.

— **2004**
Nitsch est invité comme
professeur à l'Institut
des études théâtrales
de l'université de Vienne.

— **2005**
· premières peintures aux
coulures verticales
formant comme des rayures
multicolores.

· Nitsch reçoit le Grand Prix
de l'État autrichien et
la Médaille d'or de la ville
de Vienne.

· action au Burgtheater
de Vienne à l'instigation de
son directeur, Klaus Bachler.

— **2006**
rétrospective au Martin-
Gropius-Bau de Berlin.

— **2007**
· ouverture à Mistelbach
du nitsch museum sous la
direction de Wolfgang Denk.

· réalise la scénographie de
l'oratorio *Scènes de Faust* de
Robert Schumann à l'Opéra
de Zurich.

— **2008**
inauguration du Museo
Hermann Nitsch/
Fondazione Morra à Naples.

— **2009**
· ouverture de la Nitsch
Foundation à Vienne.

· publication en trois
volumes de son ouvrage
Das Sein (*L'Être*).

· en mai, au cours de sa
56e action-peinture au nitsch
museum de Mistelbach,
il exécute près de 108 toiles
qualifiées par Wolfgang
Denk de « cathédrales de
la couleur ».

— **2010**
· 130e action au Museo
Nitsch de Naples.

· exposition « Le dessin
comme architecture de
l'Orgien Mysterien Theater »
au musée d'Art moderne
de Saint-Étienne.

— **2011**
· exposition au MCA de
Denver puis au Leopold
Museum de Vienne.

· Nitsch met en scène l'opéra
Saint-François d'Assise
de Messiaen à la Bayerische
Staatsoper de Munich.

— **2012**
· 135e action lors de la
XIe Biennale de La Havane,
à Cuba.

· 64e action-peinture au
Museo di arte moderna
e contemporanea di Trento
e Rovereto (MART) où
Nitsch réalise ses premières
toiles carrées.

— **2014**
rétrospective au Danubiana
Meulensteen Art Museum
de Bratislava.

— **2015**
Walther König publie
sa monographie
*Hermann Nitsch –
Das Gesamtkunstwerk des
Orgien Mysterien Theaters*.

— **2016**
147e action à la Villa Stuck
de Munich.

— **2018**
exposition à l'occasion du
80e anniversaire de l'artiste
au nitsch museum. Nitsch
y réalise sa 155e action.

— **2019**
· exposition « Opéra Monde.
La quête d'un art total »
au Centre Pompidou Metz.

· « Hermann Nitsch Räume
aus Farbe » au musée
de l'Albertina de Vienne.

— **2020**
exposition « The Beginning.
Kunst in Wien von 1945-1980 »,
à l'Albertina Modern, Vienne.

— **2021**
action *Walküre* (*Walkyrie*)
au cours du festival de
Bayreuth, présentée par
la suite au nitsch museum
de Mistelbach.

— **2022**
Nitsch meurt le 18 avril
à l'hôpital de Mistelbach.
Sa veuve organise de
manière posthume sa toute
dernière action (la 160e).

— **2023**
« Hermann Nitsch.
Hommage » du 11 octobre
2023 au 12 février 2024
au musée de l'Orangerie à
Paris. Il s'agit de la première
exposition monographique
consacrée à l'artiste dans
un musée national français.

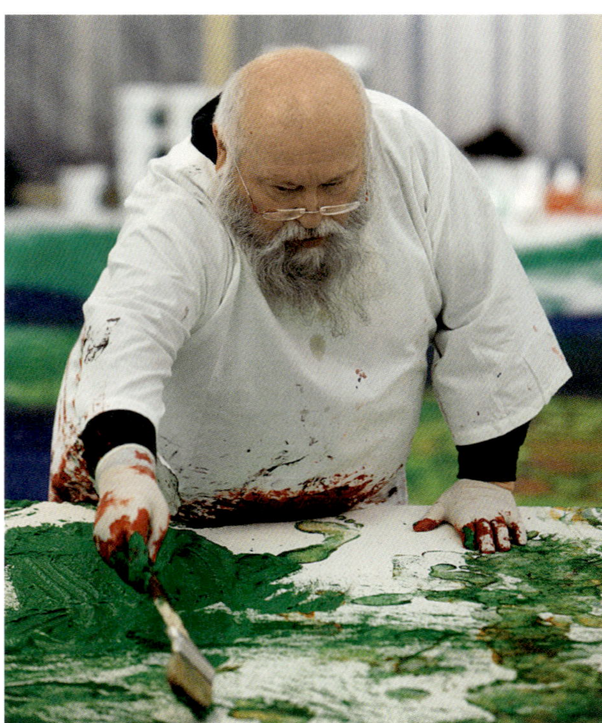

Hermann Nitsch, photographié pendant sa 56e action-peinture
Hermann Nitsch, during his 56th Painting Action

Sarah Imatte

Hermann Nitsch: Key Dates

—1938
Hermann Nitsch is born in Vienna on 29 August.

—1944
His father dies in World War II. The boy is raised by his mother and has a strong bond with his grandparents, especially his grandfather, who introduces him to drawing.

—1953
Enrols at the Höhere Graphische Bundes-Lehr- und Versuchsanstalt, the "College of Graphic Arts", commonly known as "die Graphische".

—1957
Nitsch develops a synthetic approach to art, which he calls the *Orgien Mysterien Theater* ("The Orgies Mysteries Theatre"), based on the concept of a total work of art.

—1958
Finds a job as a graphic designer at the Vienna Technical Museum.

—1959
Visits the exhibition *Junge Maler der Gegenwart* ("Young Contemporary Artists") at the Künstlerhaus in Vienna, featuring works by Arnulf Rainer, Josef Mikl, Wolfgang Hollegha, Antoni Tapiès, Willem de Kooning, Sam Francis, Jackson Pollock and Georges Mathieu, which inspires him to take up action painting.

—1960
· Sets up his studio in the Technical Museum.

· Beginning of the *Malaktionen* ("Painting Actions"), whose performative dimension is as important as the resulting painting. The two-dimensional space of the canvas is expanded to the third dimension, incorporating the act of painting and the bodies of the artist and the viewer. The first Painting Action, *Kreuzwegstationen* ("Stations of the Cross"), is realised on 18 November in the artist's Vienna studio.

—1962
· New studio on Brünner Strasse in Vienna's Floridsdorf district.

· From 1 to 4 June, Nitsch performs *Die Blutorgel* ("The Blood Organ") with Otto Muehl and Adolf Frohner. Walled inside Muehl's studio, Nitsch creates *Blutorgelbild* ("Blood Organ Painting"), the first *Schüttbild* ("Poured Painting", a technique where paint is poured directly onto the canvas) using lamb's blood.

The performance marks the beginning of "Viennese Actionism", a term coined by Peter Weibel in 1969. The name highlights the dissident and inherently political nature of the movement.

· On 19 December, in Muehl's studio, Nitsch carries out what he considers to be his first 'Action', a performance distinct from the *Malaktionen*, during which he is tied to a cross and completely covered in paint. Crucifixion and sacrifice will become central themes in his work.

—1963
· First public Action at the opening of the Dvorak Gallery, Lagergasse, Vienna, on 8 March.

· On 28 June, Nitsch and Muehl organise the *Fest des psychophysischen Naturalismus* ("Festival of Psycho-Physical Naturalism"). The Action is covered by the press, prompting the police to intervene and causing a scandal. Nitsch and Muehl are taken into custody.

—1964
MANIFEST *das lamm* ("Manifesto – The Lamb").

—1966
· The Viennese Actionists are invited by Gustav Metzger to perform at the *Destruction in Art Symposium* (DIAS) in London, their first performance abroad.

· Nitsch separates from Eva Kranich, whom he had married the previous year.

—1967
Following several court cases and three prison sentences, Nitsch leaves Austria for Germany, where he will live until 1978.

—1968
· Numerous Actions, exhibitions and concerts abroad, including Cincinnati and New York, where he befriends members of Fluxus.

· Marries Beate König.

—1970
Actions in New York, Munich and Cologne.

—1971
· Nitsch buys Prinzendorf Castle in Lower Austria, which, until his death, becomes his primary residence, studio and venue for performances of the Orgies Mysteries Theatre.

· Begins the cycle *Die Eroberung von Jerusalem* ("The Conquest of Jerusalem").

— 1972
Nitsch is invited by Harald Szeemann to participate in documenta 5 in Kassel.

— 1973
Prinzendorf hosts the first Pfingstfest ("Feast of Pentecost").

— 1975
50th Action, lasting 24 hours, in Prinzendorf.

— 1976
Das letzte Abendmahl ("The Last Supper"), a monumental drawing, completed in 1979 and made into a screen print in 1983.

— 1977
· His wife, Beate König, dies in a car accident.

· 55th Action *Requiem für meine Frau Beate* ("Requiem for my Wife Beate") in Bologna. Music now plays a central role in his work.

— 1978
Beginning of his collaboration with Heike Curtze Gallery.

— 1980
First performance of the *Allerheiligen Sinfonie* (6. *Sinfonie*) ("All Saints' Symphony – 6th Symphony") at the MAK in Vienna.

— 1982
Nitsch participates in documenta 7 in Kassel, curated by Rudi Fuchs.

— 1983
· Exhibition at the Stedelijk Van Abbemuseum in Eindhoven, curated by Rudi Fuchs.

· After twenty years of performing Actions, Nitsch returns to painting with several new Painting Actions.

— 1984
· From 27 to 30 July, the 3 *Tage Spiel* ("3-Day Festival") is held in Prinzendorf, during which Nitsch realises his 18th Painting Action.

· Beginning of the cycle *Die Architectur des Orgien Mysterien Theater* ("The Architecture of the Orgies Mysteries Theatre"), in which Nitsch maps the phantasmatic and psychic territory of the Orgies Mysteries Theatre, interweaving abstract, geometric forms with organic elements linked to the human body.

· His mother dies.

— 1985
First performance of the 7th Symphony in Graz, as part of the "Steirischer Herbst" festival.

— 1987
· From 18 to 21 February, he realises his 20th Painting Action in the exhibition space of the Vienna Secession.

· *Das Orgien Mysterien Theater 1960-87* exhibition at Villa Pignatelli in Naples.

— 1988
· Marries Rita Leitenbor.

· First retrospective at Lenbachhaus in Munich.

· Participates in the Sydney Biennale, where his 26th Painting Action is realised.

— 1989
· Nitsch is appointed professor at the Städelschule in Frankfurt.

· 27th and 28th Painting Actions in June and December, during which Nitsch paints his first coloured canvases inspired by the Catholic liturgy (green, blue, violet, black, white and red). Most paintings feature the chasuble worn by the artist during their creation.

· First "Fountain Painting".

— 1991
First "Black Cycle".

— 1992
· Nitsch and his wife move to their second home in Monfumo, Italy.

· Represents Austria at the Universal Exhibition in Seville, Spain.

— 1993
· Lectures at the Salzburg International Summer Academy.

· Wolfgang Denk organises the artist's largest exhibition to date at the National Gallery in Prague.

— 1994
· Exhibition at the Kunsthalle Krems organised by its director Wolfgang Denk.

· In August, Nitsch paints his first "Ox Painting", inspired by Rembrandt's *Slaughtered Ox* and Chaïm Soutine's *Ox and Calf's Head* (Musée de l'Orangerie).

· Second "Black Cycle".

· A series of paintings in shades of brown.

— 1995
Nitsch directs Jules Massenet's *Hérodiade* at the Vienna State Opera.

— 1997
Retrospective at the Konsthallen Göteborg in Sweden and at the Musée d'Art et d'Histoire in Luxembourg.

— 1998
· *6 Tage Spiel* ("6-Day Festival") in Prinzendorf from 3 to 9 August. This is the artist's 100th Action, with over 500 participants.

· *Out of Actions* exhibition at MOCA in Los Angeles, MAK in Vienna, MACBA in Barcelona and the Museum of Contemporary Art in Tokyo.

— 2000
During the summer, Nitsch creates his 43rd Painting Action. The luminous, multicoloured canvases in red, green, blue and yellow form the first *Auferstehungszyklus* ("Resurrection Cycle").

— 2001
Nitsch directs Philipp Glass's *Satyagraha* at the Festspielhaus in St. Pölten.

— 2002
Second "Resurrection Cycle", dominated by the colour yellow. The following year, the cycle continues with the monumental *Auferstehungstriptychon* ("Resurrection Triptych").

— 2003
Retrospective celebrating the artist's 65th birthday at Essl Museum in Klosterneuburg.

— 2004
Nitsch becomes a visiting professor at the Institute of Theatre Studies at the University of Vienna.

— 2005

· First paintings with vertical drips forming multicoloured stripes.

· Nitsch is awarded the Grand Prize of the Austrian State and the Gold Medal of the City of Vienna.

· Action at Vienna's Burgtheater initiated by its director Klaus Bachler.

— 2006

Retrospective at Martin-Gropius-Bau Berlin.

— 2007

· Opening of the nitsch museum in Mistelbach under the direction of Wolfgang Denk.

· Designs the sets for the oratorio of Robert Schumann's *Scenes from Faust* at the Zurich Opera House.

— 2008

Inauguration of the Museo Hermann Nitsch/ Fondazione Morra in Naples.

— 2009

· Opening of the Nitsch Foundation in Vienna.

· Publication in three volumes of his work *Das Sein* ("Being").

· In May, during his 56th Painting Action at the Mistelbach museum, Nitsch creates around 108 canvases, described by Wolfgang Denk as "cathedrals of colour".

— 2010

· 130th Action at the Museo Nitsch in Naples.

· *Le dessin comme architecture de l'Orgien Mysterien Theater* ("Drawing as the Architecture of the Orgien Mysterien Theater") exhibition at the Musée d'Art Moderne in Saint-Etienne.

— 2011

· Exhibitions at the MCA in Denver and the Leopold Museum in Vienna.

· Nitsch directs Messiaen's opera *Saint-François d'Assise* at the Bayerische Staatsoper in Munich.

— 2012

· 135th Action at the 11th Havana Biennial in Cuba.

· 64th Painting Action at the Museo di arte moderna e contemporanea di Trento e Rovereto (MART), where Nitsch produces his first square paintings.

— 2014

Retrospective at the Danubiana Meulensteen Art Museum in Bratislava.

— 2015

His monograph *Hermann Nitsch: the Gesamtkunstwerk of the Orgien Mysterien Theater* is published by Walther König.

— 2016

147th Action at Villa Stuck in Munich.

— 2018

Exhibition to mark the artist's 80th birthday at the nitsch museum. This is Nitsch's 155th Action.

— 2019

· *Opera as the World. The Quest for a Total Work of Art* exhibition at the Centre Pompidou Metz.

· NITSCH. *Spaces Colour* exhibition at the Albertina Museum in Vienna.

— 2020

The Beginning. Art in Vienna from 1945-1980 exhibition at the Albertina Modern.

— 2021

Action Walküre ("Valkyrie") at the Bayreuth Festival, later presented at the nitsch museum in Mistelbach.

— 2022

Nitsch dies on 18 April in Mistelbach hospital. His widow organises the posthumous performance of his very last Action (the 160th).

— 2023

Hermann Nitsch. Tribute from 11 October 2023 to 12 February 2024 at the Musée de l'Orangerie in Paris. This is the first monographic exhibition dedicated to the artist in a French national museum.

Crédits photographiques/Photographic credits
© Jorit Aust : p. 6, p. 29, p. 30-31, p. 34-35, p. 38, p. 39,
p. 44, p. 45, p. 46-47.
© Lieselotte Biber : p. 52-53.
© Daniel Feyerl : p. 58.

En couverture/Cover image :
Schüttbild/Peinture éclaboussée
Poured Painting
mars 2020/March 2020
acrylique sur toile de jute
acrylic on jute canvas
200 × 150 cm

P. 2 :
Schüttbild/Peinture éclaboussée
Poured Painting (détail)
octobre 2020/October 2020
acrylique sur toile de jute
acrylic on jute canvas
200 × 150 cm

Achevé d'imprimer en septembre 2023
sur les presses de Graphius, à Gand, Belgique
Dépôt légal octobre 2023
Printed in September 2023 by Graphius, Gent, Belgium
Legal deposit October 2023

ÉDITIONS SKIRA PARIS
14, rue Serpente
75006 Paris
www.skira.net

Responsable des éditions
Senior editor
Nathalie Prat-Couadau

Responsable éditoriale du projet
Project manager and editorial coordinator
Juliette Chambon

Chargée des projets éditoriaux et commerciaux
Commercial and editorial projects manager
Meryl Mason

Assistante éditoriale
Editorial assistant
Roxanne Rebours

Graphisme
Graphic design
Laure Cérini

Traduction
Translation
Paul Bowman
(de l'allemand vers l'anglais / from German to English)
Kevin Kennedy
(du français vers l'anglais / from French to English)
Slaven Waelti
(de l'allemand vers le français / from German to French)

Relecture et correction
Copyediting and proofreading
Delphine Ménage (français / French)
Matilda Holloway (anglais / English)

Photogravure
Colour separation
Litho Art New, Turin

ISBN 978-2-37074-215-5
© Nitsch Foundation, 2023
© Musée de l'Orangerie, 2023
© Éditions Skira Paris, 2023